AF469887

TABLEAU SOCIAL.

Dédié à l'Humanité, à ses Amis, à ses Défenseurs.

Par Monsieur GÉRARD.

TOME PREMIER.

A BAR-LE-DUC,

De la Société de MOUCHERON et DUVAL, Imprimeurs.

L'An 1791.

AVIS.

DES ÉDITEURS.

Cet Ouvrage est un fanal qui éclaire un nouvel horison de vérités précieuses et la profondeur d'une mine que la sappe du génie n'a pas encore fouillée. Ce travail étant susceptible de répandre une nouvelle lumière sur les intérêts de tous les hommes, on ouvrira par souscription l'édition des volumes suivans.

Le prix de chaque volume rendu à chaque souscripteur franc de port dans toute la France indifféremment pour les distances, est de 2ᵗᵗ 10ˢ

Les personnes qui désireront souscrire sont invitées d'écrire à MM. Moucheron et Duval, Imprimeurs associés à Bar-le-Duc.

CHAPITRE PREMIER.

Des opinions des hommes et de leurs égaremens.

ENFANS des ténèbres et du silence des siècles de barbarie, les préjugés ont étendu leur crêpe sur la terre, ont dominé la pensée, les actions des hommes. Fille de l'imposture, c'est la superstition qui a invoqué le secours des préjugés : ce sont les préjugés qui ont armé le fanatisme, qui ont allumé les bûchers de l'intolérance ; ce sont les préjugés qui ont ouvert l'abime des chimères, qui ont donné le jour à l'orgueil et à l'ambition ; ce sont eux, ce sont les préjugés qui ont forgé les fers de l'esclavage, qui ont élevé ces monumens de l'oppression, ces citadelles, ces forteresses les repaires de la tyrannie ; ce sont les préjugés qui ont attaché aux gages des despotes ces soldats mercénaires, ces meutes féroces toujours prêtes au premier signal à déchirer les flancs de leur patrie, à souiller dans la frénésie du carnage la maison, l'azile même où ils ont pris naissance; ce sont les préjugés enfin, qui ont déchaîné les désordres, qui ont provoqué la rebellion des crimes; ce sont les préjugés enfin, qui ont frappé le genre humain de toutes les calamités, compagnes inséparables de l'orgueil, de l'ambition et de l'ignorance. Multipliés autant que les espaces où ils régnent, variés dans la même proportion relative sur le symbole de leurs moyens, les préjugés sous mille couleurs, ont versé sur la terre tous les poisons de l'erreur, tous les poisons que vomit l'imposture avec le fiel des couleuvres qu'elle recèle, qu'elle nourrit dans le cloaque de ses entrailles.

Ce sont les préjugés qui ont établi l'échelle des rangs, qui ont consacré ces distinctions bisares, les attributs de la naissance; ce sont les préjugés qui ont dicté l'hommage de la servitude, qui ont élevé des ambitieux, des forcenés, les fléaux du genre humain; ce sont les préjugés qui ont élevé sur les trônes, des scélérats souillés de la fange des crimes et du sang de leurs semblables; et ce sont les préjugés qui ont assuré aux descendans des oppresseurs, aux fils des tyrans l'héritage du trône, la destinée des peuples, tel que le berger transmet à son fils le troupeau dont il est propriétaire.

Les préjugés ont dégradé l'homme, ont perverti son entendement, ont obscurci jusqu'à l'instinct que la nature a accordé à tous les êtres: les préjugés ont ravalé l'homme au dessous de la brute l'ont assez avili pour le faire perdre, pour le faire rougir placé, auprès d'elle pour soutenir la comparaison. On voit sous les eaux, on voit le brochet au fond des rivières, le requin au fond des mers, déclarer la guerre aux autres poissons; mais ils protègent constamment, ils respectent leur espèce: sur la terre, au milieu du silence, des solitudes et des forêts, les loups, ces animaux altérés de sang et de carnage, respectent entre eux le caractère de leur espèce jusques dans les agonies de la faim, et lorsque les hyvers ont déployé sur la majesté de la nature le vaste tapis des glaces et des neiges. L'espèce humaine est donc la seule qui outrage la nature, est la seule dont les individus se détruissent, se dévorent

Les préjugés font germer l'ambition dans le cœur de l'homme: l'orgueil l'invite à surpasser ses semblables, l'ignorance, le bouclier de ses malheurs le séduit et l'entraîne vers la possession des richesses: les passions aussitôt allument dans son sein le feu des desirs: à la naissance de ce tyran impérieux, l'homme souhaite, il essaie à surpasser ses voisins, ceux qui l'entourent. A-t-il atteint à ce période, sa vue s'étend avec avidité sur un espace plus vaste, ses desirs s'enflamment dans les succès, s'irritent dans les obstacles : bientôt il veut effacer toutes les fortunes du village ou de la ville qu'il habite : ensuite il désire, il essaie à devenir le plus riche de la contrée, et graduellement le plus riche de la nation. Parvenu à l'océan de cette opulence, l'homme désire encore plus ardemment, parce que le bonheur qu'il avait eu pour objet dans l'enquête des richesses ne s'est point montré dans les routes qu'il a parcourues pour les acquérir, ne s'est point rencontré dans l'éclat de leur haute jouissance : il boit alors dans le calice des ennuis l'amertûme des soucis et des remords. Alors pour étourdir ses tourmens, sa vue plane les hauteurs que l'audace a élevées sur la stupidité vulgaire, il désire une couronne, et il ignore que le trône couvre le cercueil du bonheur.

Une grande fortune est un attentat contre l'industrie des autres citoiens ; c'est une montagne de forfaits, amoncelée des débris des autres fortunes et dont le pied repose sur la ruine publique. Homme, qui courés à la poursuite des grandes richesses sur les aîles de l'envie, que cherchés vous ? Lorsque vous les aurés atteint, vous serez un receleur du bien des indigens !

Il est louable, il est dans la nature que les hommes essaient à se procurer une aisance qui les mettent à l'abri de la misère et des besoins impérieux, mais c'est un crime de passer les bornes de la modération, car l'homme qui veut amasser pour lui personnellement la subsistance de vingt-cinq familles, est un accapareur, un brigand. Pourquoi l'homme qui jouit du nécessaire et d'une certaine aisance essaie-t-il à augmenter le superflu de ses moiens ; n'est-ce pas dans la vue d'acquérir la considération que la stupidité vulgaire accorde trop complaisamment aux richesses et par suite à ceux qui les possèdent ?

Il n'y a aucun mérite d'être riche du patrimoine de ses ancêtres ; mais on peut se rendre estimable dans l'emploi et dans l'application pour le soulagement des infortunés. Il est honorable de devenir riche avec le secours d'un travail et d'une industrie légitimes ; mais c'est un crime de le devenir par des moiens qui blessent l'intérêt des citoiens ; c'est un crime de le devenir par des spéculations de commerce qui dérangent les affaires des autres ; c'est un crime de le devenir par des voies qui tendent à hausser subitement le prix des denrées, car alors c'est une entreprise attentatoire que l'équité repousse, avec horreur et dévoue à l'éclat d'un examen juridique.

Les richesses sont estimables, en ce qu'elles sont susceptibles d'une application utile et générale, en ce qu'elles sont à la convenance de tous les individus. Mais les riches ne peuvent être estimables qu'autant qu'ils sont bienfaisans : la bienfaisance est une obligation sacrée que les richesses imposent à ceux qui les possèdent : lorsque les riches manquent ou négligent d'acquitter cette dette envers la portion souffrante de leurs semblables, ils se rendent coupables d'égoïsme : or, l'égoïsme est le fléau de la société, c'est un crime de lèse-humanité.

Les préjugés attribuent du lustre à la naissance et une considération prematurée à ceux qui sortent d'une haute origine : mais la naissance est l'ouvrage du hasard : le fils d'un héros est souvent un scélérat, un pervers : le fils d'un Roi porte souvent un cœur vicieux, lâche et cruel, le fils d'un berger apporte très-souvent en naissant les dispositions les plus heureuses, du génie pour les grandes choses, une ame sublime, élevée. Ainsi la nature se joue des vaines prétentions que l'orgueil a empreinte sur le berceau. Un héros naît au fond d'une cabane sur un siège de misère, tandis qu'au même instant un scélérat naît au fond d'un palais, au milieu des pompes et de la magnificence : l'un est destiné pour être le défenseur de l'humanité, l'autre pour en être le fléau. Les barrières élevées par les usurpateurs des rangs, des emplois et des richesses, les barrières élevées par des usurpateurs pour resserrer le mérite des conditions obscures, n'ont pû empêcher du moins qu'il n'en ait sorti des éclairs qui ont décélé la source féconde qui les jaillissait.

N'est-il pas ridicule de voir un impudent qui n'a d'autre mérite à étaler que l'orgueil et les chimères d'une haute naissance, s'imaginer que l'état lui doit des préférences, que ses contemporains lui doivent de la considération, parce que l'un ou plusieurs de ses aïeux ont marché sous les bannières de la férocité féodale, sous les bannières des tyrans. De tels exploits ont toujours été le malheur des peuples, de tels exploits ne sont pas plus honorables que les exploits des cartouche, des Mandrin, des Rafiat, des Rampanne brigands audacieux, mais plus grands, plus généreux dans leurs attrocités et beaucoup moins féroces que les gentil-hommes, ces usurpateurs des biens et des droits du peuple.

Le fils d'un héros, d'un citoien recommandable, d'un défenseur des peuples, doit marcher sur les traces de son père, si ce n'est pas avec le même éclat, du moins avec des intentions qui justifient son zèle. Mais s'il ne fait rien pour lui ressembler, la gloire de son père est un reproche qui le couvre de mépris.

Si le fils d'un héros est égal à son père, si le fils d'un berger par l'éclat de ses vertus, balance le fils du héros, s'il est avec lui à mérite égal, le fils du berger doit obtenir la préférence parce qu'il lui a fallu plus d'efforts, parce qu'il lui a fallu plus d'énergie pour atteindre à rette élévation, qu'au fils du héros qui n'a eu à parcourir qu'une route fraiée et applanie par son père. Le citoien, qui le premier de sa famille s'est ouvert la carrière de l'honneur et de la gloire, est plus estimable que celui qui avec parité des mêmes vertus, des mémes talens, compte derrière lui une chaîne de cent aïeux qui ont fourni la même carrière avec distinction. Le citoien qui, par son courage et son génie a déchiré le voile qui couvrait son nom et sa condition, le citoien qui s'est élancé du fond de l'obscurité où sa famille demeurait assoupie, qui s'est élancé du fond de l'obscurité pour franchir les barrières qui atteignent à la gloire, se régénère, se crée un nouvel être; il a donc incomparablement plus de mérite que celui qui recevant des faveurs de la naissance et de la fortune le succès de son entrée dans la carrière, a trouvé, une route tracée qu'il a pu parcourir sans inquiétude de s'égarer.

Si les actions sont personnelles, si les vertus, si les talens tiennent coërcitivement à l'être qui les possède, si les actions louables qui sont le résultat des vertus et des talens sont personnelles, les actions blâmables, les actions criminelles qui sont le résultat du concours des circonstances, ou le résultat des vices du cœur, sont par la même cause également personnelles. Un père a deux fils qu'il a cultivés dès leur enfance avec une égale sollicitude, qu'il a chéris avec la même tendresse : l'âge éveille, développe dans ces deux fils les dispositions qui doivent contraster leurs habitudes : l'un fait briller des vertus, des talens heureux et distingués : les éloges qu'il moissonne dans l'opinion publique, viennent parfumer la vieillesse du père : l'autre fils par opposition ne se fait remarquer que par des actes criminelles, que par des forfaits : il est arrêté dans le cours de ses crimes : la loi va déploier sur lui son utile vigueur : enfin il est donné en spectacle, il subit publiquement et dans tout l'appareil de l'opprobre et de l'ignominie le châtiment qu'il a mérité en offensant la justice. Que de sensations différentes s'élèvent dans le cœur d'un père qui voit le destin de ses enfans dans des situations si opposées ! l'un est un citoien recommandable par ses vertus, l'autre est un infâme qui a porté la peine de ses forfaits. L'opprobre qui couvre ce fils criminel doit-il retomber sur la tête d'un père vertueux, doit-il flétrir ses cheveux blancs, doit-il creuser son cercueil et y descendre avec lui ? Cet opprobre enfin doit-il rejaillir sur le front calme et serein d'un frère innocent qui s'est attaché à la vertu et à l'exercice des talens ? Il est affligeant pour une famille honnête de voir sortir de son sein un réfractaire, un transgresseur des lois ; mais lorsque la justice s'est emparée du coupable, lorsque son vœu est exécuté dans l'infliction d'une peine ignominieuse et méritée, la famille n'a plus à rougir, la honte est lavée dans l'ablution du châtiment.

Le Préjugé a constamment rejetté l'alliance de ces familles parmi lesquelles la loi a frappé un coupable, mais sans réfléchir que le crime est expié, que la honte est effacée lorsque le coupable est puni.

L'Orgueil père de la sottise et de la bassesse, père des désordres et du crime, l'Orgueil a fixé le ridicule des rangs, l'assortiment des conditions et des fortunes et n'a rien laissé au sentiment. C'est l'Orgueil qui rejette l'alliance d'un jeune homme de mérite parce que sa fortune ne répond pas avec celle de la personne que le ciel semblait lui avoir destinée ; c'est l'Orgueil qui repousse de l'autel de l'hymen une jeune fille qui n'a pour tant que sa vertu, pour qualité que le rang obscur où elle est née.

L'homme a commandé les préjugés au gré de ses penchans, de ses habitudes.

Le préjugé blâme ceux qui professent en matière de religion des dogmes, et un culte qui diffèrent du rythme vulgaire, comme si le sage devait courber sa raison sous le joug des formules que le charlatanisme a guindées pour détourner les peuples des vérités constantes et éternelles; des vérités que la nature revèle avec une majesté si auguste dans le pompeux spectacle de ses attributs, dans le pompeux spectacle de la création et la magnificence de sa fécondité successive et renaissante.

Le préjugé verse sur les conditions les plus malheureuses, sur les métiers, sur les fonctions les plus utiles, les plus importans à la société, sur les victimes qui s'y dévouent une sorte d'avilissement qui accuse l'injustice des hommes, qui accuse leur ingratitude; il n'y a rien de vil que les actions qui tiennent à la souillure d'un cœur gâté et corrompu. Il n'y a rien de vil que la source impure de l'injustice et de l'ingratitude : cette source est alimentée par les préjugés, car enfin, les hommes, seraient plus équitables les uns envers les autres si, vainqueurs des préjugés et des erreurs épidémiques, ils ouvraient les yeux aux premiers rayons du nouveau jour qui doit briller sur la terre et sur les nuages épars et fugitifs de l'imposture dépouillée et confondue.

CHAPITRE II.

Des Gouvernemens et de leurs différentes espèces.

C'EST le Gouvernement qui détermine dans les societés politiques le bonheur ou le malheur du plus grand nombre : lorsqu'il existe plus de malheureux que d'heureux ; c'est la seule preuve que le Gouvernement est vicieux. Un Gouvernement juste et équitable distribue avec sagesse la somme des avantages sur tous les individus indistinctement.

Les Grecs plus aguerris à toutes les révolutions politiques, plus aguerris que les modernes au choc des grands évenemens, plus ardens à la recherche du bonheur constant et durable, les Grecs ont essaïé de toutes les espèces de Gouvernemens : tant d'épreuves ont eclairé, ont mûri leur choix, et c'est d'aprés l'experience la plus consommée que cette nation a consacré l'adoption du Gouvernement populaire.

Ce sont des Grecs que nous connaissons les Gouvernemens distingués sous les noms de Despotiques, Monarchiques, Oligarchiques, Aristocratiques et Démocratique. C'est à cette dernière forme de Gouvernement, c'est-a-dire, à la constitution populaire à laquelle les Grecs ont donné une préference si passionnée, que l'on ne citait, parmi cette nation qu'avec horreur, les noms mêmes des autres Gouvernements. Les Grecs avaient la même horreur pour le nom de Roi traduit dans leur langue par celui de tyran, par ce que pour dominer sur les autres hommes, les Grecs pensaient qu'un Roi avait besoin d'être appuié par des bandits, des soldats à ses gages, par des partisans initiés dans les mistères de son autorité et admis au partage des dépouilles ravies à la faiblesse, à l'ignorance des peuples; les Grecs pensaient qu'un homme vertueux ne pouvait être Roi, qu'un homme vertueux avait assez de se conduire lui-même, de conduire sa maison, sans entreprendre de conduire des millions d'individus semblables à lui, de veiller sur une surface de païs dont son œil ne pouvait mésurer l'étendue; les Grecs pensaient enfin, que pour être Roi, il fallait être ou un imbécile placé en public pour servir de simulacre et en secret d'instrument passif aux volontés d'une cabale intrigante, ou un ambitieux, un forcené, qui à la tête des complices de sa fraude, se jouait au fond d'un palais de la nature, de la raison et de l'humanité.

Chez les Grecs, la majesté souveraine résidait dans le peuple : les citoiens tour-à-tour parvenaient aux emplois de la république d'après leur capacité et leurs vertus. L'autorité éclairée savait habilement user par l'organe des orateurs de ces grands moiens, soit pour échauffer, soit pour modérer les passions, les passions orageuses dont l'action était nécessaire au ressort de l'état et à la puissance étonnante des plus rares effets.

Chez une nation sensible, éclairée, l'honneur était le premier mobile qui déterminait les actions générales et particulières : une sorte de fraternité aussi vive que touchante alliait tous les citoiens. L'intérêt de la république, l'intérêt de la Patrie étaient toujours préférés à l'intérêt individuel. C'est vers ce grand ensemble que venaient aboutir les pensées, les travaux de tous les membres de l'état : c'est dans ce sublime dévouement que consistaient les principales vertus : c'est lui qui a créé les héros dont le souvenir nous étonne ; c'est lui qui a créé les héros et les prodiges constamment liés à leur amour pour la Patrie et la Liberté.

Héritiers de cette nation célèbre dans toutes les connaissances humaines, nous devons aussi hériter de cette grandeur, de cette élévation d'ame, les premiers mobiles des vertus d'un gouvernement libre; nous devons hériter aussi de ce généreux dévouement pour la république, de cet amour passionné et brûlant pour la liberté; nous devons hériter aussi de ce sublime désintéressement, l'apologie des sentimens élevés, de ce sublime désintéressement sans lequel il n'est point de vertu réelle.

L'Europe semblait par le génie de ses habitans et par cette énergie des Grecs, qui lui ont servi de modèle dans les sciences et dans les arts, l'Europe semblait devoir être l'éternel azile de la liberté, semblait ne devoir jamais courber sous l'opprobre des chaînes dont l'Afrique brûlante et la face de l'Asie sont entièrement chargées. Mais c'est sur l'ignorance des peuples que l'oppression pèse, qu'elle acquiert des droits, c'est sur l'ignorance des peuples qu'elle en calcule, qu'elle en multiplie les effets, qu'elle en étend, qu'elle en prolonge la ligne de démarcation.

La force armée a pu réduire en esclavage des peuples surpris et sans défense, mais ce torrent passé, la durée de cet esclavage ne devait pas s'étendre au de-là de l'action de cette force armée; car les peuples sortant de leur sommeil et venant à refléchir, d'aprés le premier étonnement sur les moiens que la nature leur donnait pour secouer le joug, ils devaient tourner tout leur pouvoir pour repousser l'oppression, pour recouvrer leur liberté et leurs droits. Mais faut-il en révéler la cause fatale, et un sentiment aussi douloureux qu'amer ne doit-il pas accompagner cette triste pensée ? C'est la superstition, c'est elle qui a entretenu sur les peuples le joug le plus dur, le plus honteux; c'est la superstition qui, épiant les hommes dès le berceau, a corrompu leurs cœurs, a brouillé leur entendement, a étouffé leur raison, l'a ensuite enseveli sous les ronces des préjugés, c'est la superstition qui, à la faveur des ténèbres de l'ignorance, s'est emparée des consciences, les a frappé de terreur, et a contraint les nations à respecter avec idolatrie les fers barbares de l'esclavage, comme l'ouvrage émané du ciel.

C'est ainsi qu'en puisant dans cette haute source, la superstition a assuré à la tyrannie des sujets, des esclaves, des victimes humblement courbés sous la verge qui les frappait. Ce secours que la tyrannie a emprunté de la superstition était indispensable pour assurer son empire et sa durée. C'est dans le temple de cette fatale alliance, de l'alliance de la tyrannie et de la superstition, c'est dans le palais de leur complot où l'industrie d'une main sacrilège a allumé la forge, a fabriqué sur l'enclume barbare les chaînes et tous les instrumens terribles de la servitude et de l'oppression.

Il n'existe d'oppression que sous les Gouvernemens Monarchiques, Despotiques, Aristocratiques et Oligarchiques; ce n'est qu'à l'ombre de ces Gouvernemens tyranniques, que l'encensoir du sacerdoce fume le vil parfum d'une basse flatterie, d'une basse adulation au pied de l'idole du pouvoir; ce n'est que sous ces Gouvernemens, que le sacerdoce est appellé à une association auxiliaire auprès de l'autorité autour du trône, pour en légitimer les abus, les violences et les parer des couleurs imposantes de la religion.

Ainsi, quand des peuples malheureux plient sous le sceptre des Rois, comme les roseaux plient sous le despotisme des ouragans, quand des peuples malheureux gémissent dans les tortures de l'oppression, gémissent dans les horreurs de la misère, les prêtres leur disent, les prêtres leur crient: peuples, si vous souffrez, c'est le ciel qui vous châtie, c'est le ciel qui épuise sur vous les trésors de sa colère: il n'y a point d'autorité qui ne vienne de Dieu, il n'y a point d'autorité qui ne soit légitime: humiliez-vous devant les têtes couronnées, c'est Dieu qui les a établies sur vous, pour vous châtier dans sa miséricorde. Les biens dont vous êtes dépouillés dans cette vie vous seront rendus dans l'autre, si vous prenez chrétiennement patience, si vous ne murmurez pas. Si au lieu de ce charlatanisme qui avilit les ames, les prêtres moins partisans de l'oppression avaient annoncé une morale plus pure, plus élevée, ils auraient dit : Peuples, si vous souffrez, c'est que vous êtes assez lâches pour l'endurer; le ciel vous a donné votre franc-arbitre, il a laissé en liberté le cours des événemens; il n'y a point d'autorité qui ne vienne de vous, il n'y a point d'autorité légitime si elle n'est consenti par vous; roidissez vous contre les potentats, c'est leur ambition qui les invite à s'appésantir sur vos têtes pour vous accabler du poids de leur grandeur, pour vous ravir la liberté et les biens que le courage vous engage à défendre. Les récompenses et les châtimens du ciel sont reservé dans l'autre vie, les récompenses pour les citoiens généreux qui ont soutenu la république et la liberté, les châtimens pour les tyrans qui ont tourmenté leur espèce, qui ont usurpé sur des hommes comme eux des droits violens, les châtimens enfin sont reservés pour les tyrans, leurs vils complices, leurs fauteurs et défenseurs.

CHAPITRE III.

Des Gouvernemens Aristocratiques, Olygarchiques, Monarchiques, Despotiques.

LA Monarchie est un Gouvernement où l'autorité est remise entre les mains d'un seul homme, qualifié Roi ou Monarque : cette qualité est ordinairement héréditaire et passe du père au fils, même lorsqu'il est encore dans le ventre de sa mère. Ainsi le trône est un bien de famille, comme une maison, ou une pièce de terre; ainsi les peuples qui sont les gages de la possession du trône passent de la domination du père sous la domination du fils, comme les troupeaux passent, de la main flagellante d'un maître intraitable, sous celle d'un autre maître plus atroce, plus cruel encore.

Quoique la Roiauté soit une propriété que ses partisans ont rendu constante, elle est néanmoins soumise à confirmation, elle est subordonnée à une cérémonie appellée sacre ou couronnement, cérémonie vaine et ostensible, dont l'appareil fastueux et barbare, a pour objet d'en imposer à la stupide admiration d'un peuple grossier et ignorant.

Ce n'est pas le peuple qui élève le Roi sur le trône, c'est une corporation particulière et privilégiée, c'est une corporation arrogante et en possession exclusive des rênes du Gouvernement, c'est une corporation appellée Olygarchie, c'est-à-dire, corps de la haute noblesse.

Au moment où le nouveau Roi est conduit dans le temple pour accéder au pacte fédératif entre lui et ceux qui lui confèrent la couronne, il s'avance au milieu d'eux, loin des yeux et des oreilles vulgaires; il s'avance loin du peuple que repoussent des cohortes de satellites inquiets et farouches, il s'avance, il pénètre jusqu'au fond du sanctuaire. Là, environné des seuls Olygarchistes, une voix part de l'assemblée, et lui tient ce langage :

Vous voiez ici les princes du clergé les chefs de la noblesse, les maîtres du peuple, les maîtres de cette multitude grossière à qui la nature a donné l'instinct d'obéir et de souffrir; vous voiez rangés, autour de vous, vos égaux, vos amis, les arbitres des destins de l'Etat: il nous a plu de placer la couronne dans votre famille, il nous plaît encore aujourd'hui de la placer sur votre tête. Issu du même sang que nous, placé dans la même sphère, nous vous élevons à un dégré au-dessus de nous, pour vous donner en spectacle à ce vil ramas d'automates, que nous tenons dans nos fers, à ce peuple rampant et servile qui, comme les grenouilles de la fable, a besoin d'un Roi, a besoin de courber son aveugle obéissance aux pieds d'une idole que sa stupidité admire, que sa grossière ignorance considère comme une intelligence supérieure à son espèce. Tous les animaux chérissent la liberté, excepté le peuple. Soiez donc son Roi, puisqu'il veut être esclave, soiez son idole, puisqu'il veut être avili.

Ainsi quand la multitude attirée par une curiosité avide et insensée, s'empresse, se porte en affluence dans les rues, sur les places publiques, pour voir passer le nombreux cortège d'un sacre ou couronnement, la multitude admire la pompe d'une marche fastueuse, là suit des yeux jusqu'aux portes du temple où la cérémonie doit se célébrer, la suit jusqu'aux portes du temple dont l'entrée lui est exclue, dont l'entrée est défendue par un front hérissé de piques, de hallebardes; le peuple dans sa balourdise admire un vain cortège dont l'opulence fastueuse prise sur sa misère est un retranchement rigoureux, que l'action violente des impôts a ravi à son nécessaire; il admire un cortège dont l'orgueilleux étalage insulte à sa stupidité, il accompagne de ses yeux un attirail asiatique, il l'accompagne de ses yeux jusqu'aux portes du temple, où sous le voile sacrilège de la religion, et avec l'éclat d'un complot solemnel, ses tyrans vont renouer par des sermens perfides la trame fatale de ses malheurs et de ses souffrances.

La monarchie est un Gouvernement dont l'autorité est plus ou moins étendue, plus ou moins restreinte : ses limites sont tantôt rapprochées tantôt reculées. La monarchie est un fleuve dont la pente coule dans l'océan de la puissance, dans le despotisme.

Dans les Gouvernemens arbitraires, il y a ordinairement quatre pouvoirs qui s'entretiennent ou se combattent, mais toujours aux risques, périls et fortunes du peuple.

Ces pouvoirs sont : l'Aristocratie, l'Olygarchie, la Monarchie et le Despotisme.

L'Aristocratie est une bande à part séparée du peuple, une corporation composée de gens qui fondent des prétentions sur les chimères de leur naissance, ou de gens riches qui pensent qu'une propriété muette et matérielle, qu'une propriété détachée, est un mérite dont l'attribution leur est personnelle et qu'avec les faveurs de ces jeux du hasard, ils ont le droit d'opprimer la classe estimable et laborieuse.

L'Olygarchie est une autre bande à part détachée de l'Aristocratie sur laquelle elle renchérit encore par l'extravagance et l'orgueil de ses prétentions. L'Olygarchie est une corporation qui formant un cercle autour de la puissance suprême, en accaparé, en partage l'autorité.

La monarchie est un pouvoir dont l'unité est constante, c'est une masse qui essaie à tout couvrir, à tout écraser. La monarchie est un pouvoir adoré du peuple qui en est frappé, qui en est immolé; protégé de l'aristocratie dont il entretient les chimères et l'espoir, entouré de l'olygarchie qu'il associe à ses destins, qu'il associe au banquet solemnel de sa fortune et des dépouilles enlevées sur le peuple.

Le Despotisme est un pouvoir produit par le débordement de l'autorité monarchique, le Despotisme est un colosse dont le poids formidable fait gémir la terre et qui penchant sur l'anarchie, tombe avec éclat dans le tombeau des abymes que sa fureur a creusés.

Les Gouvernemens ont tous une pente à dégénérer , une pente vers la décadence, vers le despotisme. Les Gouvernemens naissent, croissent, mûrissent, vieillissent, et finissent. Ainsi que la vie de l'homme, les Gouvernemens ont leurs âges, leurs époques; ainsi que la vie de l'homme, ils ont leurs tempêtes, leurs revers, leurs triomphes et leur gloire.

Les Gouvernemens Aristocratiques, Olygarchiques, Monarchiques et Despotiques ont tous les quatre les vices qui sont les fruits et les résultats d'une mauvaise éducation.

L'aristocratie est l'image de l'enfance, mais d'une enfance negligée, d'une enfance abandonnée à sa ferocité, à des inclinations civilement hostiles, et encore impregnées de la rudesse de la première vie des hommes, de la vie sauvage.

L'olygarchie est l'image de l'adolescence, mais d'une adolescence dissolue qui se jette tête baissée dans tous les écarts où l'emporte la frénesie de son imagination déréglée.

La monarchie figure l'âge de la maturité: C'est l'âge où la soif de l'ambition s'allume et s'irrite; c'est l'âge où le goût pour la domination défile dans la nuit brûlante de ses desirs le peloton de ses moiens, développe dans le jour de ses succès, l'audace et l'empire de ses effets.

Le despotisme est la vieillesse des autres Gouvernemens, c'est la vieillesse de la monarchie. Le despotisme est une vieillesse hérissée des ronces, des vices de sa prémière éducation: industrieux à tourmenter tout ce qui respire dans la nature, le despostisme est ingénieux à se tourmenter lui-même: les trois tems de l'existence exercent sur lui, sans cesse, l'activité de leurs supplices; le passé le chagrine, le présent l'accable, l'avenir le désespère.

Le passé lui raméne le théâtre de ses fureurs, les ruisseaux des larmes qu'il a fait couler, les fleuve du sang qu'il a faits verser; le présent ne lui découvre dans le spectacle de la nature qu'il a devastée, n'étale à ses yeux qu'un vaste cimetier, une terre labourée par les sépulchres où reposent les cadavres que la mort a vengés de ses attentats, où dorment les victimes que le trépas a affranchies de sa tyrannie; l'avenir dans ses fraïeurs lui ouvre la vaste solitude de ses ténèbres et de son cahos, lui ouvre la bouche dévorante des gouffres du néant. Au milieu du silence auguste de ce vague effrayant, de ce grand vuide, où tout est éteint avant que d'être, où tout va s'éteindre après avoir été, le despotisme entend crier au fond de ce désert, il entend crier le vengeur de l'humanité, il entend crier le remord, il entend cette voix tonnante qui vient rétentir dans son cœur, il entend cette voix dont la puissance vient terrasser son orgueil et ses forfaits devant le tribunal de l'eternelle justice!

L'aristocratie est un régime que l'orgueil fait éclore, que l'usurpation entretient, que l'habitude affermit. L'orgueil est une maladie du cerveau, l'usurpation est l'acte d'un cœur criminel, l'habitude est une monotonie qui ensommeille la stupidité. L'orgueil et l'usurpation ont créé le régime aristocratique, l'ignorance vulgaire l'a supporté, l'habitude l'a révéré. L'aristocratie a donc pris naissance dans le berceau des peuples ignorans, à la faveur de l'audace de quelques ambitieux, dévorés de la soif de dominer une multitude grossière et passive. A

A mesure que les contrées soumises à ce mode d'établissement se sont accrues, soit par les progrés de leur étendue, soit par les progrés de leur population, soit par les pogrès de leur richesse, l'olygarchie s'est élevée insensiblement sur l'aristocratie, à l'aide des avantages que les événemens lui ont offerts.

L'oligarchie est un régime où l'autorité est restreinte entre les mains d'un nombre déterminé de membres qui se sont emparés du gouvernail de l'état.

Reprenons cette filiation des gouvernemens et suivons-en l'ordre et la succession.

L'aristocratie est un gouvernement où tous les nobles indistinctement ont droits d'aspirer aux emplois de l'administration, ont droit par leur naissance d'influer dans les affaires politiques, ont droit au partage de l'autorité, à l'exclusion absolue du peuple.

L'olygarchie est fille de l'aristocratie, l'olygarchie est l'élite du corps dont il est émigré : l'autorité alors devient plus ramassée, plus condensée, devient centralement fixée entre les mains de cette puissance accaparante.

Lorsque l'olygarchie vieillit, les ressorts de son gouvernement se relâchent, les loix s'intimident et se taisent, les abus s'enhardissent, assiègent l'autorité, la partagent la déchirent. Dans ces crises fatales pour sauver l'autorité de ce commun brigandage, on la dépose à titre précaire entre les mains d'un chef que l'on élit Roi ou Monarque.

Ce Roi ou Monarque, une fois saisi de la puissance exécutrice, rend à l'autorité sa vigueur, à l'action du gouvernement, la tendance de ses ressorts; il gage à sa solde des lecteurs, des satellites, des hulans, des pandours, des prêtres, des bourreaux, il éleve des forteresses, les peuples de géolier: des cachots, de malheureux, il dresse des bûchers, des échaffauts, des potences des piloris: il parcourt les espaces d'un œil ombrageux, il cherche des victimes, il les, voit il parle .... Elles sont immolées. Tout tremble tout fléchit devant les appareils du trépas, tout tremble, tout fléchit devant ces tubes de bronze, devant ces bouches de feu qui tonnent l'éffroi et le carnage. Terrassée par sa fraïeur, la Nation tombe aux genoux de son maître, elle reconnait, elle adore le Monarque, elle reçoit de sa tolérance Roïale pour prix de son hommage et de son avilissement, la permission de vivre dans ses fers.

Tels sont les effets qui accompagnent l'abandon et l'unité du pouvoir, tels sont les effets de l'autorité, lorsque sa résidence est sous une seule main: c'est un balon pressé, dont l'action est violente, dont les coups sont meurtriers, ainsi quand dans des crises de l'État, dans les boulversemens, la prévoiance essaie à sauver l'autorité des dangers de l'anarchie, essaie à la sauver, en la confiant à la garde d'un seul, l'état est perdu, l'autorité est violée au moment même de ce fatal dépôt. Voilà les résultats d'un parti désespéré, d'un parti plus dangereux que le mal, toujours plus dangereux que le mal, qu'il essaiait à effacer, qu'il essaiait à guérir. Voilà les résultats d'un calmant qui, recelant une action maligne que l'on ne soupçonnait pas, estropie le malade par surcroit ajouté à son mal.

Enfin, c'est l'olygarchie qui dans le travail de ses derniers momens et pour ressusciter sa langueur, dispose, développe le germe d'un nouvel être, d'un être engendré de son écume, enfin c'est l'olygarchie, qui dans les agonies de sa vieillesse, vômit l'hydre de la monarchie.

Le gouvernement aristocratique est un corps vicieux, en ce que ces maximes sont injustes et violentes, en ce qu'elles admettent des exceptions outrageantes et bizares, en ce qu'elles autorisent, en ce qu'elles légitiment l'oppression des impôts et des contributions arbitraires, en ce qu'elles autorisent, en ce qu'elles légitiment les concussions fiscales, et en ce qu'elles ferment l'entrée de l'administration à la classe sociale la plus intéressée à y marquer son influence.

L'olygarchie est un gouvernement qui s'élève sur l'aristocratie, mais qui adoptant le même systême d'oppression, conserve, protège ses élémens, réchauffe, ralume leur action dévastante; Ce sont deux môles entassés dont la conbinaison pèse et tombe d'aplomb sur le peuple.

La Monarchie s'élève en montagne à triple étage et s'engerbe sur l'olygarchie et l'aristocratie, ses colones et ses appuis. Cette lourde masse dans ses secousses accable de son poids, accable le peuple cette portion souffrante de l'humanité, le serre, le fait gémir sous la contraction violente du terrible cabestan.

De la monarchie au despotisme, il n'y a qu'un ruisseau à franchir, ou pour mieux dire, leurs limites sont confondues dans l'identité de ces deux êtres, dans l'identité élémentaire de leur création simultanée. La Monarchie est un océan de puissance dont le flux continuel couvre sans cesse le bassin du despotisme, couvre sans cesse ses écueils et ses abimes.

Enfin les gouvernemens vicieux paraissent subordonnés aux loix de l'attraction; ils ont tous une tendance déterminée à s'éloigner de leur centre, tous une tendance déterminée vers le despotisme, vers leur tombeau. Frappés en naissant des effets et des signes de la corruption, ils gravissent sans cesse vers l'affinité de leur tourbillon, tendent sans cesse a s'épancher au dehors, à perdre, à se noier dans la vague.

Dans la monarchie tout concourt à flétrir, à tourmenter l'humanité; dans la monarchie tout ce qui tient à l'autorité Roiale, de près ou de loin est tyrannie par gradation ou par cascade ; dans la monarchie tout est tyran, le monarque, ceux qui l'entourent, ceux qui commandent sous son nom, leurs surbordonnés, leurs secrétaires, leurs commis, leurs maîtresses, leurs chevaux, leurs chiens, leurs valets.

CHAPITRE IV.

Du Gouvernement Démocratique ou Populaire.

A L'ombre du Gouvernement Démocratique, tous les hommes sont libres, tous les hommes sont égaux. Ce gouvernement ne s'introduit parmi les peuples, ne s'introduit dans les époques de la civilisation, qu'après le passage de plusieurs siècles écoulés dans la tyrannie, qu'après de longues souffrances, qu'après de longs combats, qu'après la longue et fatale épreuve des maximes violentes et arbitraires, qu'après la longue et fatale épreuve du despotisme, du despotisme de l'aristocratie, du despotisme de l'olygarchie, du despotisme de la Monarchie, soit unis, soit séparés ; mais le plus souvent du despotisme rassemblé de ces trois pouvoirs frappant à la fois, lorsque l'échelle de leur combinaison est établie dans le même païs, c'ést-à-dire, dans les païs esclaves et qualifiés empires et Roïaumes.

C'est sur les ruines du despostisme foudroié par des peuples à qui le désespoir à donné du courage, c'est sur les débris des chaînes et des autres instruments de l'esclavage que s'élève la liberté les armes à la main. Ces époques sont les plus brillantes, les plus glorieuses des fastes de l'humanité ; ce sont les seuls événemens qui soient vraiment grands, vraiment dignes de passer à la postérité, et de nourrir d'échauffer les ames magnanimes et républicaines. C'est à ces époques que l'on voit sortir du sein du peuple, comme les éclairs du fond de la nuit, c'est à ces époques que l'on voit élancer de l'obscurité, que l'on voit paraître avec fierté des hommes extraordinaires qui secouent avec les fers qu'ils ont brisés la poussière de la sépulture servile où la tyrannie en les dégradant les avait plongés, ensevelis.

C'est au premier signal, c'est au premier cri de la liberté que l'on voit le peuple esclave se lever tout-à-coup, tout-à-coup briser ses fers, tout-à-coup renverser le trône, fouler aux pieds l'idole, fouler aux pieds le tyran. Et c'est sur l'autel de cet holocauste, de ce salutaire holocauste que les bras vengeurs de l'humanité doivent dresser le monument sacré, le monument certain de la dignité éternelle de l'homme et de son indépendance.

Après les fatigues d'une longue tempête, après l'éclatante victoire remportée sur la tirannie, le peuple aïant reconquis ses droits devient l'arbitre suprême de son destin et du choix de son gouvernement ; mais si le seul désespoir à armé sa fureur, s'il n'est pas accompagné de cette haîne constante et généreuse, de cette sublime horreur pour la tyrannie, s'il n'est pas accompagné du sentiment et de l'énergie de l'indépendance, le trône est épargné au milieu du chocdes élémens politiques, l'idole cachée dans les nuages de la tempête reparait alors aux premiers raïons du calme et le peuple retombe dans ses fers et dans l'abime de ses anciens malheurs.

Le peuple assez courageux pour briser ses fers, assez eclairé pour briser le talisman de l'Idolâtrie, et flétrir l'idole à son tour, le peuple, assez sage pour dépouiller le tyran des appareils et des phantômes de sa puissance, assez prudent pour le reléguer, pour le confondre dans une nullité absolue, pour le reléguer, pour le confondre parmi la foule obscure, parmi les hommes ses semblables, ses égaux; le peuple assez courageux, assez sage, assez prudent pour accomplir le vœu de ses destins, est libre: il est libre par sa valeur, il est libre par sa prévoiance, il est seul digne de goûter dans le calme après la fatigue des combats et des triomphes, il est seul digne de goûter sous un ciel dont il a surmonté le tonnerre, dont il à dissipé les nuages, il est seul digne de goûter le sommeil de la paix et les délices du bonheur.

C'est à l'ombre du Gouvernement démocratique,

c'est à l'ombre de ses avantages que l'humanité respire, qu'elle reprend un nouvel être, qu'elle reprend sa dignité ; c'est, c'est à l'ombre de ce gouvernement, à l'ombre de ses avantages que tous les hommes sont égaux. Ainsi quand le peuple sortit de la nuit de l'esclavage, respire pour la première fois l'air serein de la liberté, instruit par une fatale expérience, instruit de ses dangers par la longue série de ses malheurs, le vœu de son indépendance et de son bonheur l'appelle à l'instant l'invite à se ranger sous le gouvernement démocratique l'azile et le rampart de la liberté.

Enfin quand une nation à reconquis ses droits, qu'elle en est saisie, quand elle a dépouillé le tyran qu'elle l'a plongé lui et son orgueil dans la foule du peuple du sein de laquelle il n'aurait jamais dû sortir, quand cette nation libre et triomphante, a adopté le gouvernement démocratique, elle doit à l'instant effacer de ses fastes jusqu'à l'ombre des vestiges qui pourraient retracer son ancienne servitude et sa honte, elle doit effacer de ses fastes des ces attributions nominales de la propriété, de l'usurpation roiale, les noms génériques empire, monarchie, roiaume vassal, sujet : elle doit substituer à l'opprobre de cette nomenclature flétrissante, les noms grands, harmonieux et sublimes, réplublique, comme par exemple réplublique française, républiques suédoises, citoyen français, citoyen suédois.

Suivant les maximes de la démocratie, toutes les dignités, les emplois sont electifs et dépendent de la majorité absolue des suffrages; leur durée doit être conditionnellement déterminée, doit être exactement limitée et soumise à un terme fixe et précis. Ces maximes sont constamment rigoureuses; y manquer serait une rebellion contre l'ordre démocratique, une atteinte à ses principes, une violation sacrilége à ses loix; y manquer serait rappeller le retour de la tyrannie. serait rouvrir la porte à ses attentats, serait en ressuciter le cadavre, l'armer de nouveau contre la liberté des citoyens et le salut de la république.

L'égalité entre les citoyens, le niveau et l'alignement de toutes les conditions sont les bases fondamentales de l'ordre démocratique. Il ne doit y exister d'autre distinction que celle que le mérite personnel est susceptible d'attribuer; c'est le mérite, ce sont les vertus, ce sont les talens, les productions du génie, la perfectibilité des connaissance utiles, les chef-d'œuvres de l'industrie, ce sont les qualités du cœur, sont les dons précieux, qui seuls ont droits d'établir des distinctions, qui seuls ont droit de mériter de la société, qu'elles embelisent et qu'elles honorent, qui seuls ont droit de mériter de la reconnaissance publique, des hommages et des autels.

CHAPITRE V.

Des Assemblées et de la forme des Administrations élémentaires.

J'AI déjà dit que le gouvernement démocratique ou populaire était le seul qui pouvait aider au bonheur des hommes : je ne me lasserai jamais de répéter cet axiome consacré dans tous les tems dans tous les païs où la raison à jetté quelques étincelles. Il faut admettre nécessairement dans l'organisation civile, le sistême de l'égalité politique, sans lequel il n'existe point de gouvernement, sans lequel il n'existe que les écarts et les abus d'une autorité infidèle et parjure. Il faut nécessairement admettre pour veiller à l'ensemble de l'ordre et à l'accord de ses parties, il faut nécessairement admettre une autorité centrale, une autorité prédéterminante.

Cette autorité revêtue des signes de la souveraineté et de la faculté de ses accens, l'autorité suprême est une émanation de toutes les parties qui ont concourues à sa création et qui concourent à l'entretien de sa consistance. La puissance souveraine et la masse de la force publique, elle est la combinaison résultante du pouvoir de chaque individu qui a manifesté son intention en prêtant son appui pour la fin d'un même tout.

L'homme libre a son vœu, son expression dans les actes de la souveraineté : chaque portion d'étendue, c'est-à dire, chaque village est propriétaire d'une puissance active et déterminante, chaque bourg, chaque ville est propriétaire des mêmes moiens : les uns et les autres ont les mêmes droits dans le régime politique, les mêmes droits à l'indépendance.

Aucune ville n'a le droit de commander à une autre ville : c'est en vain que l'une pour étaier sa prépondérance, sa domination sur l'autre argumenterait de ses richesses, de sa population, ces avantages tiennent à la chance des événemens ou à des relations particulières et locales, mais ne sont pas des droits de priorité civile.

Si une ville n'est pas dans le droit de commander à une autre ville, par la même raison elle n'a pas le droit de commander à un bourg, à un village, la supériorité appartient à des conventions respectives, elle doit être le résultat d'un assentiment libre, d'une résignation volontaire. Ainsi, lorsque plusieurs villages ont consenti que telle ville serait le centre de l'autorité prépondérante du canton, c'est un honneur et non pas un droit qu'ils lui ont attribué.

L'équité naturelle accorde à chaque section réglée, c'est-à-dire, à chaque village comme à chaque ville, le droit de se gouverner soi-même d'après les loix générales, d'après les loix adoptées ; l'équité naturelle accordée à chaque village comme à chaque ville, le droit d'ériger dans son sein un conseil d'administration correspondant au directoire du canton et à celui du département.

Il est étonnant que les réformateurs français aient conservé les noms de Maire, Procureur-général, Procureur-syndic, et Procureur de la Commune : mais dira-t-on c'est frapper sur des mots. Oui, mais les mots doivent être signifians, doivent avoir une expression adaptée : le mot Maire est d'un étimologie de l'ancienne langue teutone aussi rêche que barbare, et ce mot rouillé avec sa vieille morgue ne convient pas aujourd'hui pour désigner un chef de citoyens libres : et quand au mot Procureur, les oreilles sont blessées d'un mot qui ne doit pas survivre au trépas de l'hydre qui hurlait sous les voutes du temple de Themis.

Sans doute que les réformateurs au milieu de leurs travaux pénibles et toujours renaissans, ont oublié de dévouer les mots barbares au néant d'où ils n'auraient jamais dû sortir, sans doute que les réformateurs ne tarderont pas de substituer au mot Maire celui Président, au mot Procureur de la commune celui Tribun de la commune ou du peuple.

Chaque village est un état particulier qui a ses possessions, sa culture, son industrie, son commerce, ses revenus; chaque village a sa politique, ses maximes, son gouvernement, son armée; chaque village est un abrégé de la nation, et qui présente dans le racourci de son influence et de ses dispositions, l'image d'un grand état.

Le gouvernement de chaque village réside dans son administration locale: les membres qui doivent la composer doivent être receuillis dans la classe des citoiens éligibles, c'est-à-dire, dans la classe des citoyens qui ont le zélé et le désintéressement républicain. Le nombre des membres doit être validement fixé au terme de sept: savoir, d'un Président et de six Conseillers municipaux. Il importe aussi de créer un Tribun du peuple, et nous nous réservons à exprimer l'ordre et l'étendue des fonctions que cet officier est susceptible de remplir. La municipalité, par son essence doit être dépositaire des domaines et des revenus de la république, cest-à-dire, des domaines qui appartiennent à la communauté des citoiens, elle est dépositaire de la volonté et de la force unanime; elle est dépositaire de tous les grands intérêts que ses commettans ont confiés à sa prudence et à son intégrité. C'est à l'administration à régler les économies et les dépenses publiques, c'est à la municipalité à régler l'assiete des impositions envers l'état, le mode de leur perception et la qualité de la cotisation individuelle. C'est à la municipalité à veiller à l'ordre et à la sûreté publique, à prévenir dans sa prudence les occasions des troubles et des délits; c'est à la municipalité à déterminer les différentes destinations du service militaire, à encourager parmi les citoïens guerriers l'émulation et l'activité des talens exercés, des talens, amans tendres et fideles de l'olivier de la paix, au sein de l'harmonie, amans passionnés du laurier héroïque, quand le devoir d'une défense légitime vient à faire entendre le roulement du tambour sur les dangers de la patrie.

La prudence invite à associer aux travaux de la municipalité un tribun du peuple, ou de la commune, c'est-a-dire, un porte-voix des citoïens, un surveillant de leur sûreté, un surveillant du gage de leur propriété. Le Tribun de la commune est le défenseur des droits de l'homme, des droits de chaque individu; le Tribun de la commune est tuteur de la république, l'organe de la liberté, l'athlete de ses intérêts. Il convient également d'attacher au conseil d'administration et à chaque municipalité, un sécrétaire à à qui il serait équitable d'attribuer un traitement fixe suivant les facultés locales.

Il importe à l'ordre public, à l'esprit de confiance, et aux droits que tout homme a particulièrement de savoir comment il est gouverné, il importe de convoquer régulièrement dans chaque village l'assemblée des citoiens, il importe de determiner ces assemblées à des époques périodiques, et il serait convenable pour cet effet de les fixer au premier dimanche de chaque mois.

Ces assemblées deviendront une arêne ouverte à l'exercice du jugement, à la variété des instructions essentiellement importantes, au réveil, à l'activité de tous les jeux de l'ame, à la maturité de leur développement, à la recolte de ces moissons de lumières que la raison dans la félicité de ses trésors entasse en faveur des hommes qui ouvriront les yeux aux raions de la justice et de la vérité. Rien de plus capable que ces assemblée pour faire éclore le germe des plus beaux, des plus heureux desseins; rien de plus capable pour avancer la virilité énergique de l'esprit humain; rien de plus capable pour accélérer la perfection, pour donner de l'action aux organes du régime social, pour avancer à pas de géant l'arrivée, trop long-temps attendue, du bonheur universel.

Les membres qui doivent composer la municipalité dans chaque village doivent ainsi que l'officier public, le tribun de la commune être domiciliés dans l'arrondissement du territoire: ils doivent ainsi que nous l'avons dit avoir les dispositions et les qualités essentielles à la dignité des fonctions et des devoirs qu'ils ont à remplir envers leurs concitoiens, c'est-à-dire, le zèle et le désintéressement républicain. Leur nomination doit être rigoureusement subordonnée à la forme élective. Il y a différens procédés pour y parvenir: par acclamation, par appel nominal, par les signaux de convention, par le scrutin. Ce dernier est le seul de ces procédés que l'on puisse validement admettre: cependant il n'est pas sans inconvénient; il en présente même de trés-sérieux, sur-tout s'il y a de l'intrigue de la part des candidats pour accaparer la majorité des voix. Car si un votant a la lâcheté de vendre son suffrage à la main coupable et impure qui le lui paie, que doit on attendre de ce patogeat fangeux qui éclabousse de la même ordure et l'indigne votant et le candidat plus indigne encore. Celui qui aspire aux emplois de la république, et qui pour les accaparer brigue sourdement, va de porte en porte, va dans l'asile de l'indigence essaïer, en sonnant l'or à corrompre la vertu, y arracher à des bouches affamées des voix favorables à son ambition, est un mauvais citoien, un conspirateur contre la république et la liberté.

Les cœurs droits et honnêtes, les amis des loix, des mœurs et de la république, gémissent sur ces vénalités clandestines, sur ces trafics occultes qui outragent le mérite pour honorer la bassesse. Le vrai mérite est toujours modeste : il sert la république avec zèle, mais sans affectation; il ne court pas les honneurs, mais il les reçoit avec reconnoissance quand un choix éclairé vient les lui offrir: il s'en dépouille avec grace à l'expiration de son temps d'exercice: il applaudit les loix et sa patrie dans cette équitable reversion. Son zèle ne perd rien de son feu, son dévouement ne perd rien de sa générosité lors même qu'il a à se plaindre de ses concitoiens. Au contraire, l'ignorance et la bassesse sont effrontées, présomptueuses, toujours en activité, toujours galoppant les places et ne faisant rien pour la commune que pour tramer sa ruine.

L'attention d'un bon choix, d'un choix équitable et éclairé, ou le manege obscur d'une élection vicieuse sont d'une importance qui influe souvent sur la prospérité ou le malheur de l'État en général. C'est souvent un village qui donne naissance, qui fait éclore du sein de son assemblée ce phénomène de bienfaisance ou ce fléau dévastateur. C'est dans ces assemblées élémentaires que commence l'ordre des échélons vers les dignités suprêmes.

Nous disons donc que c'est dans les assemblées primaires dans les foiers primogènes où se crée, où se fermente, où s'élabore la matière innée des élemens politiques; nous disons que l'attention d'un choix équitable et éclairé ou le manege d'une élection vicieuse influe sur la prospérité ou le malheur d'un Etat; nous disons que c'est souvent un village qui donne naissance qui fait éclore du sein de son assemblée ce phénomène de bienfaisance ou ce fléau dévastateur; nous disons qu'un bon choix, que la sagesse et la simplicité des élections primordiales propagent, montent jusqu'à l'atmosphère où siègent les représentans de la Nation.

Le peuple est le meilleur appréciateur du vrai mérite; il a constamment sous ses yeux ses citöiens d'élite, ceux qui marquent sous des couleurs de probité et de talens: rien n'échappe à sa sagacité à sa pénétration jusques dans les détails les plus indifférens l'orqu'ils servent à comparer les avantages de leur concurrence. Les peuples qui dans les habitations agrestes et sauvages, au centre des forêts et des montagnes, ont reçu de la nature cet air de rudesse, radouci cependant par les nuances d'une franchise simple et ouverte, présentent dans les résultats de leurs assemblées politiques, une sagesse, une rectitude de jugement qui contrastent avec, l'imbécilité fardée, l'orgueil ignorant dont les assemblées des grandes villes prodiguent le scandale.

Le peuple ne se trompera jamais dans son choix tant que la diète élective ne sera point troublée par la brigue et la faction des accapareurs. Nous avons déjà dit que le mode de scruter par billet avait des inconvéniens que les personnes sensées ne peuvent se dissimuler sans amertume. On a vu plus d'une fois les agens de la fraude et de la collusion, les agens vendus au parti des candidats intrigans, on a vu les candidats eux-mêmes porter dans l'urne un rouleau de plusieurs scrutins; on les a vu dans la même diète répéter plusieurs fois ce manege injurieux à la dignité de l'assemblée et attentoire aux droits des autres votans; on a vu des plumitifs, lors du dépouillement des scrutins, substituer un nom pour un autre sur le répertoire, on a vu ces plumitifs faire un abus criminel de la confiance de ceux des votans qui ne sachant ni lire ni écrire s'adressent à eux pour écrire leur scrutin avec le nom du candidat; on a vu ces plumitifs s'écrire eux-mêmes au lieu du candidat nommé par les votans ou écrire le nom de quelques uns de leurs adhérens; on a vu les accapareurs et leurs viles créatures distribuant à pleines mains des scrutins univoques à ceux des votans que leur impéritie conduisait à l'assemblée sans en être munis.

L'ordre et l'équité qui doivent essentiellement présider dans les diètes électives commande impérieusement d'en fermer l'entrée à ceux des votans qui ne sçavent ni lire ni écrire. Quand parmi plusieurs citoïens éligibles on fixe le choix sur l'un d'entr'eux, on ignore alors dans la naissance de cette élection primaire que le citoïen que l'on vient d'élire est peut être réservé à fournir une carrière brillante dans les emplois supérieurs; on ignore qu'il est destiné à figurer à l'assemblée des Représentans de la Nation, à y jouer un grand rôle; on ignore que le citoïen que l'on vient d'élire recèle dans son ame comme dans une mine féconde les trésors les plus précieux, l'énergie des grands talens et des vertus sublimes. Il faut donc éplucher avec une scrupuleuse recherche la composition des diètes primaires; il faut être surveillant pour écarter du sanctuaire de l'assemblée tout ce qui pourrait en profaner l'auguste recueillement.

Le jour indiqué pour procéder à l'élection, tous les citoïens aïant la faculté de voter doivent être invités par des billets portés chez chacun deux, à se rendre ponctuellement au lieu et à l'heure fixés pour tenir la diète. Le tambour, l'espace de cinq minutes, battra l'assemblée, immédiatement après quoi les portes seront fermées, gardées en dehors et en dedans par des fusiliers de la garde nationale: le tambour restera de garde en dehors: le chef d'escouade ou commandant du poste recevra la consigne du président de la diète, de n'ouvrir les portes, de ne laisser entrer ni sortir personne que sur un mandat signé de lui et contre-signé par le tribun du peuple. Une patrouille sera spécialement chargée, durant la tenue de la scéance, de circuler dans les environs pour veiller à l'ordre et à la tranquillité.

Voici ce que nous avons à proposer pour remédier aux inconvéniens des scrutins. D'abord il serait régulier à l'ouverture de la diète de dresser un procès-verbal qui constate l'heure, le nombre des votans présens, et le nombre des votans absens quoique duement convoqués. Ensuite le Président de l'administration ou municipalité procédera à l'élection du Président de la diète, de deux Scrutateurs et d'un Secrétaire Pour remplir cet objet, il présentera sur le bureau une feuille dont la prolixité soit suffisante pour recevoir dans une même colonne et dans un ordre perpendiculaire la signature de tous les votans, et assez d'étendue latitudinaire pour recevoir dans quatre autres colonnes paralèlles le nom des candidats. Ce vocabulaire placé sur le bureau sera dans un éloignement du gros de l'assemblée et dans une conversion qui en dérobe la nomenclature à l'indiscretion d'une avide curiosité. Alors les votans appellés par ordre alphabétique quitteront leur siège, et iront alternativement signer la première des colonnes du vocabulaire, et placeront dans les autres colonnes et sur un alignement vertical quatre noms, savoir dans l'une le nom du candidat désigné pour être Président, dans les deux suivantes les noms des deux Scrutateurs et dans la dernière le nom du Secrétaire. Il est à propos pour donner plus de précision à ce vocabulaire d'y disposer des cases tracées verticalement pour y renfermer la signature de chaque votant et le nom individuel de chaque candidat. A fur et à mesure que chaque votant aura donné sa signature et rempli les cases des candidats, le secrétaire aura l'attention d'étendre progressivement sur la nomenclature une nappe de papier gris qui dérobe successivement à chaque signataire les nominations précédentes: sa publicité ne devant avoir lieu qu'après le lotissement des suffrages et la confirmation électorale.

Quand les membres composant la diète auront donné leur signature et exprimé leur vœu chacun rependra place dans l'assemblée: le Secrétaire de la municipalité restera seul auprès du bureau, y fera seul la vérification des suffrages;

mais il s'assurera préliminairement si tous les membres ont donné leur signature. Après qu'il aura fait le recensement des suffrages, distingué les deux espèces, la majorité et la minorité, il appellera à haute voix les promotaires de suite et par ordre de rang, c'est-à-dire, le Président, les deux Scrutateurs et le Secrétaire de la diète tous les quatre destinés à conduire le travail de l'élection; les promotaires iront à l'instant prendre séance autour du bureau. Le Secrétaire de la municipalité cédera son siège, et ira prendre place dans le corps de l'assemblée, après avoir toute-fois placardé, en lieu très-visible, le vocabulaire des votans et les candidats pour que l'on puisse reconnaître la fidélité de sa vérification.

Alors le Président de la diète, les deux Scrutateurs et le Sécrétaire préteront serment devant l'assemblée de ne rien faire que pour la vérité et l'équité. Ils dresseront ensuite sur le bureau une feuille de la même forme que celle dont il vient d'être parlé, pareillement destinée à la collocation des signatures, et des suffrages: elle pourra différer dans le nombre de ses colonnes et varier en proportion relative des candidats que l'on propose d'élire. Les autres procédés seront répétés dans l'ordre et à l'instar de la première forme et soumis à la vérification électorale du Président, des deux Scrutateurs et du Secrétaire de la diète. Après que ces nouveaux promotaires auront été appellés, ils se porteront vers le bureau pour être présentés à l'assemblée à laquelle ils feront leurs remerciment : ensuite ils lui prèteront serment de fidélité, de désintéressement, de zèle, d'obéissance et de dévouement. Le vocabulaire sera ensuite placé en remplacement de celui qui était pour la composition de la diète.

Ce mode électoral présente autant de facilité que de rapidité dans l'exécution, autant de précision que de clarté dans le cours de ses procédés. Ce mode de voter par signature, de caser son scrutin dans une forme cadastrale est la sauve-garde de l'harmonie des assemblée, de l'intégrité et de la bonne foi de ses membres, la sauve- garde d'un choix plausible et publiquement avoué : l'honneur fera un devoir à chaque votant d'asseoir son suffrage sur un candidat qui en soit digne.

Il importe aux ménagemens qui sont dûs au bien puplic et à l'accroissement de ses avantages, il importe aux encouragemens qui sont dûs au mérite et à la palme de ses succès, il importe de proscrire pour jamais l'usage abusif de voter par billets. Ces rouleaux recèlent le jeu ténébreux des trahisons, des perfidies, des lâches complots, des trafics honteux; ces rouleaux recèlent l'incognito et l'anonime de leurs fauteurs, l'incognito et l'anonime des faux frères, des ennemis de tout bon citoyen, des ennemis de la république.

Nous invitons les orateurs patriotes, ceux à qui l'ascendant des lumières ouvre de l'influence sur les changemens heureux, de concourir pour le vœu de cette réforme salutaire.

CHAPITRE VI.

Des Districts et de leurs Administrations.

Ce que j'ai dit dans le chapitre précedent du gouvernement de chaque village en particulier, de son administration distincte et séparée est applicable à chaque ville sous le même rapport. Cette administration locale, resserée dans la circonscription de son territoire est absolument une administration élémentaire. Chaque village, chaque ville présente dans son individuité politique, l'image d'un état, d'une république, un abrégé en miniature de la Nation entière de laquelle elle ne dépend que dans l'accent de son union et de son intérêt avec ce grand ensemble. Pour atteindre à cette unité de correspondance, chaque village chaque ville, chacun trop insuffisant en soi-même, à besoin de s'épancher en dehors, de s'assimiler avec ce qui l'environne, de marier ses intérêts, sa sûreté sous la convention des secours réciproques, d'étendre même plus loin ses liaisons, d'en propager les rameaux à toutes les affinités, c'est-à-dire, aux autres villages, aux autres villes à qui des relations locales peuvent offrir un concours d'avantages. Voilà l'établissement des cantons ou Discricts, c'est-à-dire, l'établissement de rapports plus variés, plus étendus, plus puissans plus assurés, au. Centre de ces districts doit résidet le lieu du raliement, le point d'affinité où doivent aboutir tous les ligamens organiques, tous les agens auxiliaires de l'autorité prépondérante, la masse de la force publique; c'est-là où réside, où doit résider le Directoire.

Les réformateurs français ont fixé, dans leur sagesse, pour la facilité plus commode et plus rapide, des communications, l'étendue et les limites jusqu'où doit propager l'influence du directoire: mais ce plan magnifiquement conçu à manqué d'exécution dans l'exactitude des distances. C'est dans beaucoup de païs où on apperçoit ces irrigularités disparates et choquantes. Concevons néanmoins le siège du directoire sur le point diamétral et dans la proportion relative aux diverses sections de son arrondissement démarcatoire; concevons ce conseil du directoire sous les rapports les plus intimes, sous les rapports les plus étroitement unis à toutes les parties de son ensemble; concevons-le sous les idées distributives d'ordre et d'équité; concevons-le dans la composition suivante.

C'est le concours de plusieurs villages ou villes qui forment le territoire que l'on appelle district: chacune de ses sections a un droit sacré dans le vœu du régime, dans l'action du directoire : chacune a le droit d'y figurer dans la personne d'un délégué. D'après ce principe, le conseil d'administration directoriale doit être composé d'autant de membres qu'il y a des sections, c'est-à dire, de villages ou villes. Voici ce qu'il est important de saisir : toutes les fois qu'un village forme une communauté particulière, il a droit d'avoir une régence, c'est-à-dire, une administration locale. Dans ce cas, il a droit de se faire représenter au conseil du directoire, il a droit d'y envoier un délégué nonobstant la médiocrité de sa population. Un autre village qui présente un plus grand nombre d'habitans ne doit pas acquérir plus d'avantages ni dans le droit ni dans l'ordre de la représentation. Par exemple, un village qui contient cinq, six, sept, huit, neuf cent feux, mil feux, quand bien même il serait réputé bourg ou ville, ne doit avoir qu'une individuité représentative à l'administration directoriale, il n'y doit avoir qu'un délégué comme un village qui n'aurait que cinquante, soixante, quatre-vingt feux. Ce dernier village a souvent une commune territoriale plus considérable que celle de mille: plus de variétés, plus de richesse dans ses productions. Dans ce cas la, supériorité du sol soit en étendue, soit en fécondité doit compenser celle du nombre des habitans. Une poignée de cultivateurs, de propriétaires ruraux à défendre, à conserver dans le régime politique des intérêts plus sérieux, plus importans que ceux d'une masse d'ouvriers et de salariés qui bornée aux soins du jour parait indifférente sur le sort du lendemain.

Il importe à la prospérité des campagnes, à l'abondance des cités, il importe à la haute sagesse d'affilier les villages au partage des mêmes droits, même avec ceux qui sont réputés bourg ou villes lorsqu'ils n'excèdent pas la quantité de mille feux, c'est-à-dire, chaque village pourra avoir un délégué sans distinction pour la quantité de ses feux depuis cinquante jusqu'à deux mille exclusivement. Alors les villages, bourgs ou villes qui atteignent deux mille feux auront double représentation, c'est-à-dire, fourniront deux délégués, et en augmentant un par mille jusqu'à quatre mille inclusivement. Au delà de ce terme il n'en sera fourni qu'un par deux mille jusqu'à douze mille inclusivement; et à partir de là, un par trois mille jusqu'à vingt-quatre mille inclusivement; et pour l'excédent, depuis cette fixation à quelque nombre qu'il puisse monter, un par six mille.

Le droit qui appartient à chaque localité érigée en commune de se faire représenter individuellement n'est point susceptible de jalouser les villes qui ont le même avantage et dans une progressionplus etendue en proportion relative de leurs intérêts rassemblés. Les interêts de la plupart des villes ont des traits de rapprochement, de simillitude et d'uniformité. Une seule répresentation individuelle pourait suffire à chacune, même à celles qui sont nombreuses; le nombre des habitans multiplie les détails sans beaucoup multiplier les chefs des matières. Chaque localité communale, c'est-à-dire, chaque village a pareillement ses intérêts, à l'importance desquels la loi est soumise dans les distributions de son équité. Voici, pour chaque village, le besoin d'une répresentation individuelle: si un délégué était nommé pour en répresenter plusieurs, doit-on moralement lui supposer le même zéle, la même attention, la même sollicitude, pour les autres villages que pour celui où son habitation est fixée, où ses proprietés sont assises? Et les habitans de ces autres villages auront-ils en lui cette confiance que l'un d'entre-eux, plus étroitement uni dans l'enchaînement des mêmes intérêts, serait susceptible de leur inspirer.

Les villes ont à stipuler les intérêts, la conservation de leurs fabriques, de leurs arts de leur commerce, de leur crédit, de leurs liaisons, de leur correspondance, celles sur-tout des villes qui possedent l'un ou l'autre ou la réunion intégrale de ces avantages.

Une

Une infinité de villages, d'aprés leur situation individuelle, d'aprés la nature du sol et du climat, d'aprés le genre et la variété des productions, d'aprés les succès et l'importance de leur industrie, ont à stipuler sur des branches d'intérêts multipliés, le tracement des nouvelles routes, l'irregularité de leurs alignemens, leurs entreprises partiales et usurpatoires, la décadence des anciennes chaussées, leur détériorité, leurs éboulemens, leurs emigrations nuisibles sur les moissons, sur les terres voisines, la direction des canaux, l'entretien de leur lit, l'entretien des masses d'eaux, des lacs, des étangs, l'attention à les contenir dans leurs bassins l'infondation des rivières, la disposition de leur pente, les procédés économiques et conservatoires des forêts, la fouille des mines, l'activité des forges, des autres fourneaux de l'insdustrie et tant d'autres objets qui appartiennent à la vigilance des localités rurales.

Comparés actuellement les intérêts respectifs des villes et des villages, comparés leurs importances et les dégrés de leurs accens, de leurs intonnations.

Il est singuliérement intéressant pour toutes les villes, il est essentiel, trés essentiel pour la prospérité de l'État, pour la puissance et la splendeur du corps intégral de la nation d'accorder à chaque village, une expression politique, un vœu indi-

E

viduel dans le conseil directoire, c'est-a-dire, il est essentiel d'accorder à chaque village la faculté de s'y faire représenter par un délégué choisi et nommé dans son assemblée locale.

Chacun de ces delègués ne doit avoir qu'une année d'exercice sauf néanmoins confirmation d'après les formalités remplies, c'est-à-dire, d'aprés une nouvelle élection. Chaque délégué doit accepter la place dont la commune la honoré, il doit l'accepter dans toute la pureté du desintéressement, il ne doit en souiller la dignité dans l'expectative d'une rétribution mercenaire, d'un salaire qui blesse, qui obscurcit la fierté d'une ame républicaine.

Pour ne pas distraire de leurs occupations personnelles les citoïens délégués, pour ne pas les absenter trop long-tems des soins et des affaires de leurs maisons, ils ne seront astreint qu'à un exercice hebdomadaire, c'est-à dire, à un service de semaine rarement répété dans le cours de l'année. Nous allons rendre la démonstration plus sensible.

Concevons à la tête du conseil un président et son lieutenant en commutation hebdomadaire, c'est-à-dire, alternant d'une semaine à l'un d'une semaine à l'autre: ce qui leur présente à chacun six mois d'exercice dans leur année. Il paroît suffisant de les faire assister de quatre conseillers directoriaux, c'est-à-dire, de quatre délégués émigrés alternativement de leurs communes respectives. Au moïen de cet alternat distributif, chaque délégué n'aura presque par-tout que quatre semaines d'exercice ou environ dans le cours de son année, et dans des intervales fort éloignés, suivant la population et la composition actuelle des districts.

Chaque délégué devant prêter à la république avec le désintéressement le plus pur quelque portion de son tems et de ses travaux, chaque délégué devant quitter pour la république les douceurs de sa maison pour aller vaquer au siège du district ; il est équitable, il est dans les procédés honnêtes que la république, c'est-à dire, que la commune générale les traite à ses frais durant leur tems d'exercice, et leur destine un logement convenable et décent.

Il est indispensable d'attacher au directoire de chaque district un tribun du peuple, le défenseur et l'égide de sa liberté et de ses droits. Il convient pour les distinguer des tribuns des localités sectionnelles, de qualifier celui-ci tribun directorial. Cet officier, public doit toute l'année tenir constamment à l'exercice de son ministère : sa place et les devoirs qu'elle impose ne peuvent sans inconvenient subir l'alternat. Cette place sous tous les aspects se présente dans l'élévation la plus sublime, la plus imposante, et paraît condamner elle-même dans son austère fierté tout alliage honteux, l'attente d'un gain avilissant; elle paraît repousser jusqu'à l'idée d'une retribution mercénaire. Le tribun directorial se livrera comme les autres délégués à l'exercice de ses fonctions, et comme eux, avec le désinteressement d'un zèle patriotique, avec cet avantage pour le tribun directorial, qu'il sera le seul assez grand, assez généreux pour consacrer à la république une année entière de travaux et de dévouement.

Nous avons dit il y a un instant qu'il convenait que la commune générale traitât ses délégués et leur procurât un logement honnête, de manière à les dispenser de tout autre soin que de celui de la république: leur table serait susceptible de compos er six couverts les : vives devant être les quatre Conseillers délégués, le Président en exercice et le Tribun directorial, de quelque manière et par qui ils puissent se faire servir, leur table doit être réglée sur l'invariabilité d'une économie uniforme et pour tous les païs chaque couvert pourrait être raisonnablement fixé à cinq cent livres, sauf néanmoins les modifications que l'extrême abondance des comestibles et la modération du prix pourrait équitablement permettre suivant les contrées, ensorte qu'intégralement la dépense de leur table ne pourrait au plus être portée qu'à trois mille livres.

Il est indispensable d'attacher au conseil du directoire un secrétaire à qui il est équitable d'attribuer une solde fixe et convenable.

Il est pareillement équitable d'attribuer au trésorier du district une solde également fixe et proportionnée à l'étendue de son travail.

Il est à propos ici de se rappeller ce que nous avons dit dans le chapitre précédent relativement à la nouvelle forme qu'il est essentiel d'observer dans les élections progradantes.

Ainsi, aussi-tôt qu'à jour convenu les délégués sont élus chacun dans leurs élections respectives, ils doivent se rendre au siège du district, y former une diète pour y élire parmi eux un Président, un Président Lieutenant; et un Tribun directorial. Mais il importe à la dignité de cette assemblée d'observer le même mode, de répéter les mêmes procédés tels que nous les avons indiqués dans le chapitre précédent où nous invitons à recourir pour la validité d'un choix équitable et éclairé.

L'élection étant consommée, le Président commencera sa semaine d'exercice, assisté de quatre Conseillers délégués, désignés suivant l'ordre alphabétique et nominal des sections qu'ils représentent: le même ordre observé de semaine en semaine jusqu'au renouvellement. A l'expiration de la première semaine d'exercice le Président remplacé pour la seconde semaine par son lieutenant peut rentrer chez lui et s'y livrer à ses occupations personnelles : cet alternat sera commun à tous les deux. Le Tribun directorial ainsi que nous l'avons déjà dit sera le seul inamovible durant son année d'exercice: si cependant il survenait des causes qui apportassent des empêchemens dans les obligations de cette permanence, il serait d'une condescendance équitable de lui créer un suppléant. Cependant, si on trouve que c'est trop exiger du tems et du civisme du Tribun que de le fixer à cet exercice continuel, il conviendra d'élire en même tems que lui un un suppléant avec lequel il pourra alterner.

Nous n'admettons dans la composition des districts d'autres divisions que celles qui existent dans les quantités individuelles de ses sections; chacunes d'elles doit avoir une approximité immédiatement liée à l'essence du directoire : et le directoire doit être susceptible de la même incohérence, de la même coalition avec toutes les parties de son étendue. Où est l'organisation civile, si ce n'est celle où résulte l'accord et l'union ? C'est le partage égal des avantages politiques qui donne le jour à l'héroïsme républicain, à ce zèle brûlant, à ce désintéressement sublime et généreux.

Le citoïen libre placé entre le ciel et la terre ne découvre rien à ses yeux qui ne doive, qu ne puisse ennoblir son être, aggrandir ses idées son ame expensive s'élève, se plonge dans le vaste océan des lumières, parcourt les infinis des mondes parsemés dans le vague de la création; il assiste à la haute harmonie de leur concert, il perce l'éclatante demeure où la vertu dans la magnificence de la félicité reçoit l'homme de bien qui a servi sa patrie et les loix : sur la terre, le citoïen libre se voit environné de tous les attributs de la souveraineté, son pied frappe un sol obeissant et docile à ses vœux, et, son bras tendu avec dignité sur le spectacle de l'horison et sur les riches tapis des plaines dorées et des montagnes sourcillieuses semble commander à tout ce qui apparaît à son œil contemplateur.

Tandis que dans les contrées où l'énergie de l'ame n'a pas encore fait entendre son accent magnanime, n'a pas encore armé le bras généreux, fait étincéler le glaive exterminateur des tyrans, le glaive de la liberté : tandis que dans les contrées où les oppresseurs foulent sous les pieds d'un trône insolent les peuples lâches et imbéciles qui adorent la main des bourreaux qui les flagelle dans le délire de l'avarice et les accès brûlans de sa soif devorante, le citoyen libre, le citoyen affranchi par sa valeur de la honte et des rigueurs d'un destin aussi barbare, le citoïen retranché au sein de sa patrie, dans les ramparts de l'héroïsme, ne connait d'autre maître que lui-même, d'autre empire que celui de la loi qu'il s'est créée pour son bonheur.

Si l'avarice irrite sans cesse la soif ardente des tyrans, si cette fievre épimédique descend du trône et gagne leurs esclaves, si l'avarice est l'idole des peuples enchaînés et de leurs oppresseurs, c'est que sous les gouvernemens vicieux, l'opinion n'attache de la considération qu'aux livrées du luxe, et des attraits qu'aux licences effrénées que l'or semble permettre dans les païs corrompus.

Mais dans les païs libres, la sagesse proscrit le luxe et l'affectation audacieuse de ses dehors insultans; l'opinion comdamne au mépris l'avare thésauriseur, le riche possesseur d'or lorqu'il n'a pas d'autre titre pour mériter l'estime: dans les païs libres, les vertus sont honorées, et c'est le désintéressement parmi elles qui tient le premier rang. Le désintéressement républicain émane d'une ame grande et élevée, et décéle la plus sublime origine; le désintéressement n'est point une vertu isolée, elle les rassemble toutes autour d'elle; c'est le soleil de leur beauté et de leur splendeur. Dans les emplois de la république, il n'est point de vertu, si elle n'est inspirée par le désintéressement.

Le citoïen désintéressé, qui se consacre avec zèle

aux travaux de la république est digne des honneurs de sa patrie, il mérite qu'on lui élève des autels. Les honneurs flattent le citoïen sans le rendre plus puissant : cette manière de récompenser acquitte la dette de l'État envers ceux qui l'ont bien servi, sans l'appauvrir, sans le ruiner. L'État gagne doublement en ce qu'il est servi par des hommes d'élite, plus sensibles aux attraits de la gloire, qu'à la vile amorce d'un gain mercénaire.

L'État ne sera jamais bien servi, tant qu'il païera des fripons, des intriguans se pousseront dans les places feront jouer tous les ressors de la fraude pour les accaparer : ils penseront à s'enrichir, ils penseront à leurs affaires particulières, ils ruineront les affaires publiques; ils jetteront tout dans le cahos, dans le désordre pour dérober à la clarté du jour le jeu prévaricateur et infidèle de leurs brigandages. Voilà la double perte que souffre l'État, lorsqu'il est dans l'usage grossier de païer les emplois politiques : il arrive trop souvent que celui qui est païé trafique les interêts publics pour doubler, centupler même s'il est possible, le gain de sa place au par-dessus de ses gages.

La patrie ne doit plus rien à l'homme en place qu'elle a païé : quelque soit le mérite de ses travaux, c'est un devoir qu'il acquite conventionnellement à l'argent qu'il reçoit. La patrie ne doit point pour lui déploïer le triomphe et l'éclat de ses honneurs ; cette récompense l'aliment des ames magnanimes est réservée aux citoïens qui se consacrent avec un sublime désintéressement aux affaires de la république.

Si la vertu doit succéder à toutes les frénésies, à tous les égaremens de la corruption, de la perversité des gouvernemens tyranniques, ce n'est que par le désintéressement : alors les ames basses et frangeuses resteront accroupies dans leur cloaque ; alors les fripons, les intriguans ne se pousseront plus dans les affaires d'administration, dès le moment qu'elles n'offriront plus un gain, un salaire dont le citoïen délicat aurait à rougir ; alors les seuls hommes destinés à gouverner et à donner du lustre à leur patrie, n'auront plus à lutter la concurrence audacieuse des gens avides d'argent : reptibles vénimeux, qui dans tous les tems, dans tous les païs ont désolé, ont ravagé les affaires publiques et particulières, ont désolé la substance de l'indigent, l'héritage ou les économies laborieuses de l'homme de bien, et désséché dans le corps de l'Etat les canaux de la circulation

CHAPITRE VII.

De L'Administration des Départemens et des Cercles.

LA réunion de plusieurs Districts forme ce que l'on appelle Département: sa metropole, c'est-à-dire, le siège du directoire prépondérant doit naturellement être au centre de son étendue. On doit cette condescendance à chaque localité sectionnelle pour la facilité de ses rapports et de ses liaisons interlopes.

Chaque section a le droit de se faire représenter au conseil du Département: le conseil doit conséquemment être composé d'autant de membres qu'il y a de sections ou de locatiles communales. Chaque section en corps d'assemblée élira sur ses foiers, et sans déplacement, le conseiller destiné à la représenter à l'administration directoriale du Département. A jour indiqué, ce conseiller délégué se rendra ainsi que ses collégues élus comme lui dans les autres sections respectives, au siège directorial du département, où étant réunis, ils procéderont à l'élection d'un président, d'un président lieutenant, d'un tribun administral, d'un tribun administral suppléant, à la confirmation du secrétaire et du trésorier. Sans nous écarter de l'austérité de nos principes, ne réfroidir l'ardeur de notre brûlant civisme en faveur de l'égalité politique, nous ne voions nul danger pour la patrie et la liberté, en accordant deux ans d'exercice à cette délégation.

Les membres destinés à composer le conseil peuvent validement être fixés au nombre de six indépendamment de l'un des deux présidens en tour d'exercice. Ces conseillers colloqués par ordre alphabétique et nominal de chacune des localités qu'ils représentent siègeront dans cette disposition distributive alternant de semaine en semaine. Cet arrangement est susceptible de produire dans la presqu'universalité des départemens une semaine d'exercice pour chaque délégué dans l'espace de ses deux ans. Le président, le président lieutenant, le tribun administral, et le tribun administral suppléant pourront les uns et les autres respectivement alterner de mois en mois: ce qui dans les deux ans, donnera à chacun d'eux, une année d'activité.

Nous avons annoncé dans le chapitre précédent que chaque délégué devait remplir sa place avec un désinteressement convenable à la dignité de ses fonctions, que l'honneur devait faire un devoir de servir la patrie avec un zèle genereux: L'argent souille les actions les plus méritoires, lorsque dans la conduite des affaires publiques, il donne l'essor à un zèle mercenaire; un pareil aiguillon ne doit piquer que l'instinct le plus grossier, mais n'effleure jamais ces ames sublimes dont les courageux élans imitent le feu et le sillon de l'éclair.

Quand la gloire attache de la honte à un vil salaire, quand la gloire élance le sentiment à la hauteur de l'olimpe pour le verser sur la patrie en pompeux faisceaux, alors la république doit ceindre de la couronne civique le front généreux des citoïens qui se sont consacrés pour elle à la vivacité de ses travaux.

Le département doit traiter d'une manière convenable les membres composant le conseil du directoire; nous avons offert dans le chapitre précédent l'analise de ce traitement relativement à la table et au logement avec tous les égards d'une sage économie et d'une decence respectable.

Il n'y a au directoire du département que le secrétaire et le trésorier qui soient susceptibles d'être soldés comme étant les instrumens de l'administration.

Les Representans de la Nation ont divisé la France en quatre-vingt-trois départemens, dénommés pour laplupart par les rivieres qui les baignent: cette nouvelle nomenclature est très-propre à effacer les anciennes traces de la féodalité et de cette usurpation non moins odieuse que les villes à la faveur des siècles d'ignorance s'étaient permises sur les campagnes.

Cependant la sagesse, en approuvant ce plan de distribution, en condamnerait sévérement les motifs si ces départemens restaient isolés et abandonnés à leur faiblesse individuelle : car un pareil sistême tendrait à entretenir l'asservissement et à éterniser l'audace et les entreprises des partisans de la cour. Cette consideration est assez puissante sans doute pour faire désirer l'union de plusieurs départemens sous la convention des secours que peut faire espérer leurs approximités respectives, cette combinaison de forces et de moïens assortis et rapprochés mettra chaque grande portion de la France à l'abri des attentats de la cour et des invasions soudaines d'un voisin, d'un étranger ennemi du repos, de la justice et de la liberté.

Notre zèle nous engage à tracer ici l'ordre topographique de ces rassemblemens tel que nous l'avons conçu.

Ancienne Division.		*Nouvelle Division.*
L'ALSACE	*Départemens.*	*CERCLE DE LORRAINE,*
Lorraine,		Du Haut Rain,
Les Voges,		Du Bas Rain,
Païs Messin		De Mozelle,
Toulois,		De la Meurthe,
Verdunois,		Des Voges
Le Barrois,		De la Meuse,

Ancienne Division.		*Nouvelle Division.*
PRINCIPAUTÉ DE SEDAN	*Départemens.*	*CERCLE DE FLANDRE,*
Tiérache,		Des Ardennes
Soissonnois,		De Laisne,
Valois,		De L'oise,
Bauvoisis,		De la Somme,
Picardie,		Du Nord,
Hainaut,		Du pas-de-Calais;
Cambraisis,		
Artois,		
Boulonnais,		

Ancienne Division.		*Nouvelle Division.*
	Départemens	*CERCLE DE NEUSTRIE,*
Normandie,		De la Seine inferieur.
Païs de Caux,		De la Seine et Loise,
Vexin,		De L'Eure,
Le Perche,		De L Orne,
Le Contentin,		De la Manche,
		Du Calvados

Ancienne Division.		*Nouvelle Division.*
BRETAGNE Lisiere du Maine, Lisiere du Poitou.	*Départemens.*	*CERCLE DE BRETAGNE* De la Cote du Nord, Du Finisterre, Du Morbihan, De L'Ille et vilaine, De la Mayenne, De la Loire inferieure,
Poitou, Augoumois, Aunis, Saintonge, Perigord, Quercy.	*Départemens.*	*Cercle de Pannonie* Des Deux Sevres, De la Vendée, De la Charente, De la Charente inferi. De la Dordonne, Du Lot.
Guienne, Bordelois, Agenois, Navarre, Bearn, Les Basques.	*Départemens.*	*Cercle des Pyrénées occid.* De la Gironde, Des Landes, Des Pyrrénées, Des Pyrrénées infe. Du Lot et Garonne, Du Gres.
Languedoc, Commingeois, Bigorre, Les quatre vallées, Le Roussillon.	*Départemens*	*Cercle des Pyrénés orient.* De la Haute Garonne: De L'Arriege, Des Pyrénées Orien. De L'Aude, Du Gard, De L'Heraut,

Ancienne Division.		*Nouvelle Division.*
PROVENCE. Dauphiné,	*Départemens.*	*CERCLE DES ALPES.* Des Bouches du Rhô. Du Var, Des Alpes inferieures Des Hautes Alpes. Du Drome, De Lisere.
Franche Comté, La Bresse, Le Bugei, Le Valromey; Le Gex, La principauté de Domb.	*Départemens*	*Austrasie,* De L'ain, Du Jura, Du Doubs, De la Haute Saone.
Bourgogne, Nivernois, Lionnois, Forez, Beaujolois, Bourbonnois.	*Départemens.*	*Bourgogne,* De la Nievre, De la Côte d'or De la Saone et Loire Du Rhône et Loire De L'allier.
Auvergne, Les Cevenes, Le Vivarais, Le Rouergue.	*Départemens.*	*Auvergne,* Du Puy de Dome Du Cantal, De L'Ardeche, De la Lisere, De L'Aveiron, Du Tarn,

Ancienne Division.		Nouvelle Division.
BERRI La Marche, Limosin,	Départemens.	CERCLE POMONELLI De la Vienne, De L'Indre, Du Cher, De la Correze, De Haute Vienne De la Creuse,
Orléannoy Touraine, Anjou. *Le Maine* La Bauce, La Sologne, le Blaisois,	Départemens.	*Le fromanthal*, De L'Eure et Loire De la *Sarthe*, *Du maine et Loire* De l'Indre et Loire. Du Loiret, De Loire et Cher.
CHAMPAGNE. Bassigny, Auxerois, La Brie.	Départemens	CHALOSIE. De l'Yonne, De l'Aube, De la haute Marne. De la Marne, De Seine et Marne.
PARIS.		DE PARIS. De l'Ile de Corse.

Tous ces corps fédératifs comprennent chacun six Départemens, à l'exception de la Franche Comté, que son encadrement entre la Saone le Rhône, les Voges et les Alpes Pœnines ne rend pas susceptibles d'une augmentation qui l'emporterait hors des limites, que la nature semble lui avoir assignées : nous l'avons désignée sous le nom d'Austrasie, attendu son aspect à l'orient, relativement à toute la France. Nous avons attribué à d'autres le nom de montagnes, qui appartiennent à leur situation; nous avons attribué à d'autres les noms que la nature semble leur avoir destinés, d'après les qualités distinctives de leur sol ou de leurs productions agrimones. C'est toujours d'après le signe évident des formes et des caractères, que doivent être déterminées les appellations nominales, comme les plus propres à présenter sur les païs qu'elles désignent les véritables idées sous lesquelles on doit les concevoir.

Voilà donc quatorze cercles que nous venons de distinguer sur l'étendue et la capacité de la France : la Nation ne doit avoir qu'un vœu pour effectuer ce plan de consolidité, la sagesse qui s'occupe des grands moiens de la création, des moiens de régénérer les Peuples, de régénérer leurs Loix, doit aussi régénérer les établissemens politiques, les saisir de la force essentielle à leur sûreté et à la durée de tous les avantages qui doivent émaner de l'organisation.

Considérons les cercles que nous venons de décrire : considérons-les chacun en particulier dans la combinaison des Départemens qui leur sont affiliés, la France présentera dans ces quatorze rassemblemens, le spectacle le plus majestueux et le plus imposant ; quels sont les ennemis au-dedans, quels sont les ennemis au-dehors, qui oseraient heurter ces colosses de puissance, qui oseraient offenser les nœuds de cette union fraternelle ?

Dans la confédération de chaque cercle avec ses Départemens, aucun d'eux ne doit acquérir de prépondérance sur un autre ; tous doivent être liés aux mêmes droits, aux mêmes avantages de l'égalité. Tous les ans il doit se tenir une assemblée générale du cercle, pour délibérer sur les intérêts communs : un seul délégué par chaque Département serait suffisant à l'essence de cette assemblée : le tems du mois de mai pourrait être choisi pour cette séance, qui a moins d'affaires extraordinaires, ne doit pas être prorogée à plus de quinzaine. Chaque séance aura lieu alternativement dans chaque Département du cercle ; chacun d'eux en recevant à son tour les délégués de cette assemblée les traitera à ses frais, et d'une manière convenable, sans s'écar fer néanmoins des économies d'état; que les fonctionnaires publics doivent avoir sans cesse devant les yeux, en se rappellant que rien ne doit être indifférent dans les détails, lorsqu'il est possible d'épargner le trésor de la République, quand cette épargne, toutefois, ne déroge point d'une manière trop marquée à la dignité de l'État ou du Département.

Chaque Département est susceptible d'avoir ses finances et ses économies particulières, les dépenses qu'il pourrait faire pour se couvrir, s'il est placé sur les frontières, seront à son propre compte, comme l'entretien des places fortes, l'achat des munitions de guerre. Les dépenses seront seulement communes dans tout le cercle, lorsque le Département sera attaqué par une puissance étrangère, ou lorsqu'il s'agira de venger une haute offense, s'il lui en est faite.

Ainsi il est décidé que chaque Département est maître chez lui, sous la convention d'accéder en secours à la sûreté générale : hors ce cas, chaque Département engagé par ses propres intérêts, à obtempérer aux loix uniformes qu'il a lui-même dictées, en mariant son vœu avec celui de tous les Départemens qui composent la Nation, doit jouir de toute la plénitude active dans le mode et la forme de son régime individuel.

C'est sans doute attenuer la France, c'est énerver son tempéramment politique, que de la répandre dans une infinité de Divisions, de Départemens isolés entre eux et peu susceptibles d'un rapprochement assez rapide, d'une combinaison assez mûrie, pour arrêter dès leur naissance les dangers d'une attaque et d'une invasion soudaine. C'est en vain qu'on objectera que la force centrale veille à la défen e de toutes les parties de son étendue, de toutes les parties de la France; je demanderai quelle est cette force centrale? où est le point de son unité et de sa correspondance pour parer aux sophismes que les olygarchistes hasarderaient dans leurs diatrybes, nous dirons qu'il n'y à point de force centrale qui ne réunisse presque tous les inconveniens de l'oppression, il faut ramasser la force publique disent les partisans de la cour et de la tirannie, il faut l'entasser sur un seul point pour la porter, pour la distribuer où le besoin la réclame; mais ce langage captieux est celui d'une ferocité sourde et atroce, car c'est dire assez clairement, peuples, laissez-vous dépouiller de toutes les facultés qui pourraient servir à votre défense si on vient à vous aigrir, si on vient à provoquer votre désespoir, laissez-vous dépouiller de la faculté dagir pour repousser la violence, c'est nous qui nous chargeons de vous défendre, et c'est à l'aide de ces propositions subtiles que l'on à enchaîné le genre humain, qu'une et poignée de scélerats s'est évertuée sur ses malheurs s'envoiant les uns les autres sur leurs frontieres respectives plusieurs centaines de mille hommes commandés pour s'y égorger sans savoir précisément pourquoi. La puissance centrale, s'abandonne à plusieurs autres délires, à d'autre excès d'égaremens plus abusifs et plus criminels encore.

Si le Citoyen est libre, le village, le bourg ou la ville où il demeure est libre aussi, le district et par progression le departement dans dans l'enclave duquels il est placé sont libres aussi. Suivant les résultats de cette ascension le département doit faire usage des facultés que la nature lui a données pour sa sûreté. Ce n'est pas en versant sa force dans une main presqu'étrangère et éloignée qu'il garantira sa sûreté; en gardant dans ses foiers la force essentielle à sa conservation que chaque département en combinant ses moïens défensifs à ceux des autres départemens qui le circonscrivent et l'avoisinent qu'il résistera aux atteintes et aux entreprises de la cour.

Il s'en faut de beaucoup que le Citoïen, le Village, le Bourg, la Ville, le District, le Département, la France soient libres aujourd'hui d l'acception du sens que ce mot présente: cependant il faut qu'ils jouissent de cette liberté sous tous les rapports qui concourent à l'établissement de ses avantages : il faut qu'ils l'obtiennent après l'avoir acquise par le triomphe du courage et des armes s'ils l'ont acquise dans la plénitude de ses exercices, il faut qu'ils la conservent, qu'ils la mettent à couvert des surprises et des manèges, ressource ordinaire des intrigues de cour.

Par le mot la cour nous entendons le lieu où se rassemblent les conspirateurs, les ennemis de la Nation, rien de tout ce qui a pu appartenir à la cour ne doit être conservé dans un païs libre quelques soient les dénominations des individus qui y aient figuré, quelques soient les titres que la grossière idolatrie leur ait attribués. La politique de l'état ne permet pas de balancer à écarter de ses foiers ceux qui par les places qu'ils ont occupées, par la puissance dont ils ont été environnés peuvent dans tous les tems être soupçonnés comme dangereux et susceptibles de causer à la Nation des ombrages inquiétans,

Ces considérations sont sérieuses, elles ne doivent pas être indifferentes pour la génération actuelle : voiez au fond de l'avenir le doigt de nos neveux condamner notre molesse, notre inertie dans un tems sur-tout, où parmi les alarmes et les orages il importe de fixer le destin de la liberté publique.

Nous disons qu'il est dangereux de rétablir la

force centrale à moins de replacer sur le théâtre politique les trônes et les échafauds, les couronnes et les chaînes, les princes et les bourreaux! Citoïens, Citoïens! ne perdez pas cette maxime que, dans un état libre, il n'y a ni premier ni dernier, qu'il n'y a ni puissant ni incapable; n'oubliez jamais que les loix que vous avez créées que les fonctionnaires que vous avez élus pour les faire observer sont le souverain que vous devez connaître et auxquels vous devez le respect et la soumission puisqu'il est votre ouvrage, et votre ouvrage décidé dans la vue de ces motifs.

Il n'y a aucun citoïen pensant, il n'y a aucun citoïen sensible à l'honneur, la gloire d'être libre, c'est-à-dire, à la gloire d'être l'arbitre de son destin civique qui ne doive porter ses réflexions sur les grandes bases de l'ordre et du bonheur public. Le citoïen dans un état libre est législateur héros et souverain: quels titres plus glorieux, quels avantages plus grands, plus augustes; mais aussi quelle dignité dans le sentiment, quelle énergie dans le caractère pour en soutenir l'éclat, pour en conserver le prix; le citoïen a reçu de la nature, a reçu dans ses mains la faculté susceptible de concourir à l'arrangement de son bonheur et à la sécurité de son être; il a reçu les autres accessoires qui entrent dans le plan de son institut civil; c'est l'ignorance le plus ordinairement qui lui cèle l'usage qu'il en doit faire: c'est l'ignorance qui lui cèle la source pompeuse où il doit puiser les agens auxiliaires, les moïens qui la nature lui verse en profusion pour l'assurance et l'établissement de tout ce qui doit convenir à la bienséance et aux fins de la societé.

CHAPITRE VIII.

De la représentation Souveraine.

NOus avons distribué la france en quatorze cercles rassemblant chacun six départemens : ces cercles doivent avoir la même gravition, la même tendance à tout ce qu'il peut appartenir, à tout ce qui peut assurer leur conservation respective. Les loix constantes de l'attraction qui fixent dans le foïer de chaque tourbillon, ces grands corps, ces masses orbitrales, qui déterminent à l'empire de leur mouvement les causes de leur durée et de leur entretien, doivent pareillement agir sur les corps politiques, sur le jeu de leurs organes. Ces corps politiques, quoique séparés par le vœu des distances, et l'individuité des soins qu'exigent les détails d'une administration locale et démocratoire, doivent être constamment unis constamment liés au concours et à l'ensemble de leur concert: tous doivent avoir une pente vers le même centre, vers la même unité on se doit ralier l'accent général de leur conservation.

C'est là où doit résider l'oracle des destins de

la nation, l'oracle inspiré par le vœu général; c'est làù o doit siéger le souverain, c'est-à-dire, les assemblées chargées de le représenter, de représenter la volonté univoque de la Nation.

La sagesse conseille de distribuer le souverain en trois actions et en trois corps représentatifs de l'unité de son influence, c'est-à-dire, la sagesse conseille de créer trois assemblées suprêmes investies chacune du pouvoir essentiel au caractère que la Nation doit leur donner. Ces assemblées peuvent être distinguées en trois partages: l'assemblée législative, l'assemblée résolutive, l'assemblée administrative: l'essence de l'assemblée législative est de promulguer les loix demandées ou consenties par la Nation, de les réformer, d'en substituer de nouvelles lorsqu'elles sont pareillement demandées. L'assemblée résolutive a le pouvoir de les sanctionner, de les suspendre ou de les rejetter suivant les cas dont il sera ci-après parlé. L'assemblée administrative est celle où doivent correspondre les autres administrations distribuées dans l'étendue de l'État, chacune de ces assemblées doit être représentée par six délégués par cercles, c'est-a-dire par un délégué par département: ce qui formera pour chacune de ces trois assemblées quatre-vingt-trois membres.

Les représentans de ces assemblées souveraines doivent être renouvellés tous les deux ans aux époques que nous avons ci-devant fixées, sauf néanmoins confirmation de ceux des députés dont le zèle et les talens rendraient leur continuation précieuse à leur commettans.

Nous avons dit dans le chapitre précédent qu'il convenait de convoquer tous les ans une assemblée dans chaque cercle composée d'un membre de chaque département : cette assemblée indépendamment des affaires courantes et relatives à l'ordre de son travail, serait susceptible de s'occuper des pouvoirs confiés ou à confier aux trois assemblées souveraines : ce concert entre les départemens du cercle ne pourrait que produire les effets les plus rapides, les mieux entendus dans l'amélioration des choses, il en résulterait plus d'accord sur la consulte du bien public. A la clôture de l'assemblée du cercle, chaque député rentrant dans son département y présenterait à ses commettans le projet des changemens des restrictions ou des augmentations faits aux demandes du département pour constater le travail de la législature.

Les trois délégués élus dans chaque département pour le représenter dans les trois assemblées suprêmes s'assembleront préalablement avec les autres députés du cercle et y feront le serment en commun d'être fideles envers leurs commettans chacun dans leurs départemens respectifs, comme aussi d'être fideles à l'intérêt général du cercle : rendus ensuite à leur destination ils reitéreront le même serment en corps d'assemblée et en solemnité envers leurs départemens et leurs cercles respectifs, et envers la nation intégralement.

Il est à propos de se rappeller ici ce que nous avons dit dans le chapitre cinquième sur un nouveau plan d'élection, c'est-à-dire, sur la forme la plus convenable à l'équité des suffrages il est également à propos de se rappeller ce que nous avons dit dans les chapitres sixième et septième relativement aux droits politiques de chaque localité communale, sur sa faculté de les exercer dans ses foïers et dans l'arrondissement de son territoire, comme aussi la faculté de chacune d'elles de se faire représenter au directoire du district et à celui du département suivant l'ordre des alternats. Nous avons dit que ces représentations pouvaient avoir lieu sans impliquer en frais au moïen du zèl gratuit et du dévouement généreux de chaque fonctionaire.

En effet, pourra-t-on jamais attacher de la gloire aux fonctions politiques, aux emplois de l'administration, dès lors qu'ils seront liés à un vil salaire qu'aucun motif ne peut justifier ? Le moïen que nous indiquons est un préservatif transcendant contre les attientes du péculat ; les places sont vénal toutes les fois qu'elles sont païées, mais au moment où l'honneur en écartera tout ce qui pourrait tendre à l'obcurcir, les citoïens les plus vertueux seront seuls sur les rangs et la république sera bien servie. Servir son païs soit de l'épée, soit des conseils sont des devoirs sacrés que tout citoïen est dans l'obligation de remplir avec le plus pur désintéressement; car alors il cesserait d'être citoïen, il ne serait plus qu'un automate salarié, un mercénaire aux gages de l'état. Mais objectera-t-on les députés destinés aux trois assemblées suprêmes auront-ils tous la facilité de figurer à leurs dépens pendant la durée de leur députation? Oui, même les moins aisés. Nous avons dit relativement aux directoires des districts et des départemens que les délégués composant le conseil suivant l'ordre de l'alternat seraient logés et traités aux frais publics, que ceux composant le directoire du cercle étaient susceptibles de recevoir la même offrande, et nons disons que le même mode de traitement peut décemment être présenté aux députés composant les trois assemblées suprêmes

On pourrait cependant sans déroger à la rigidité des principes faire quelques exceptions en faveur de ceux des députés composant les trois assemblées suprêmes, c'est-à-dire, attribuer quelques gratifications indemnibles à ceux d'entre eux dont le peu de fortune, dont la gène serait reconnus, soit pour fraïer à la décence de leur entretien, soit pour secourir leurs femmes, leurs enfans qui peut être auraient physiquement à souffrir de leur absence; ces considérations sont impérieuses, mais elles ne doivent valider que dans l'urgence des cas que nous venons d'exprimer.

Après avoir établi sur l'égalité politique l'échelle de l'ordre et de la distribution, il est à propos de rassembler les anneaux assortis et liés à l'organisation du systême le plus convenable au bonheur des hommes, arrivés au perystile des trois temples où les assemblées suprêmes doivent rendre les oracles inspirés par la nation, nous devons actuellement du lieu de cette éminence morale, étendre, prolonger nos regards sur la surface de la république entière, sur la surface de la France. En observant la draperie de ce vaste tableau, suivons soigneusement le fil organique qui allie un village à toute la composition du régime National, qui l'allie à une prospérité commune, qui l'allie avec la cité la plus industrieuse, la plus opulente : observons dans cette alliance auguste les préparatifs du vœu le plus désiré, l'hymen de la charrue avec le marteau, l'hymen des arts agricoles avec les arts qui dans les villes sont devenus rivaux des ouvrages de la nature.

Rien ne doit dans le systême civil porter la moindre atteinte à l'indépendance politique de chaque village a droit de faire ses élections sur ses foïers, soit pour la composition de son administration locale, soit par se faire représenter au directoire du district comme à celui du département: ce sont deux réprésentans que chaque village a le droit d'élire chez lui pour assister au conseil des deux directoires à tour périodique. Nous avonsparlé suffisamment en tout ce qui concerne le district; il nous reste à consommer quelques éclaircissemens sur la députation au directoire du département.

Au moment où toutes les localités ont terminé leurs élections, les délégués doivent se rendre au siège du département, y procéder à la formation élective des officiers de leur assemblée; élire deux déléguéspourassisteralternativement au directoire du cercle soit dans les assemblées fixées pour quinze jours par an, soit dans les autres assemblées extraordinaires que l'intérêt général du cercle serait susceptible de convoquer. On entend que c'est parmi eux que les délégués au directoire du département doivent élire à la députation du cercle; en progradant, c'est parmi eux qu'ils doivent élire la députation aux trois assemblées suprêmes, c'est-à-dire, un député pour chacune d'elles, ce qui en compose trois indépendamment de trois suppléans; ces trois derniers ne seront obligés au déplacement que dans les cas seulement où ils devront subtituer l'un ou l'autre des députés titulaires.

Toutes les fois que l'assemblée législative estimera convenable de promulger une loi nouvelle, de restreindre ou d'amplier une ancienne, ou de la réformer, elle consultera préalablement le vœu de la Nation, c'est-à-dire, elle consultera chaque département : chaque département en communiquera à chaque district, chaque district en communiquera à chaque localité : chaque localité dressera un procès-verbal de délibération, et le fera passer au directoire de son district qui fera le dépouillement de la majorité et de la minorité des délibérations affirmatives et négatives ; et, après l'avoir constaté, elle l'adressera au département : le directoire du département rapprochera les comparaisons affirmatives majeures, et négatives mineures, ou négatives majeures et affirmatives mineures ; et, après avoir pareillement tout constaté, l'enverra à l'assemblée résolutive, et non pas à l'assemblée législative, quoique la loi ou le décret proposé en soit directement émané, ce qui est très-essentiel à distinguer pour parer à beaucoup d'abus.

L'assemblée administrative ne pourra, de son côté, rien innover, rien resceinder sur le fait de l'administration sans, au préalable, en proposer le plan à la Nation, c'est-à-dire, à chaque département, chaque département à ses districts et les districts à leurs sections pour, les avis d'adoption ou d'abnégation, être envoïés pareillement à l'assemblée résolutive, et être par elle sanctionnés d'après la majorité des avis.

D'après ce qui vient d'être établi, l'assemblée résolutive est l'écho de la Nation, la dépositaire de ses intentions, l'exécutrice de ses volontés; c'est à quoi doit se borner l'action principale de son rôle : placée entre la législation et l'administration, elle n'a d'autres rapports avec ces deux êtres souverains que ceux que lui prêtent les départemens avec lesquels elle s'indentifie; elle peut acquérir, user quelquefois, sur l'assemblée administrative, de l'impérat prépondérant, mais c'est lorsque la Nation le lui attribue, c'est lorsque la Nation circonstanciellement lui en confère la faculté, et c'est dans ces occasions qu'on peut considérer l'assemblée résolutive comme armée du pouvoir exécutif. Il serait dangereux de lui abandonner cette faculté, ou de la lui prodiguer trop souvent; il est de la prudence de la lui confier avec ménagement, et dans les cas seulement qui requièrent l'unité des plus vastes moïens; par exemple, dans les embrâssemen volcaniques, dans les crises et les agitations intérieures, dans les déchiremens de l'état, pour arrêter au dehors ou dissiper les factions comminatoires et hostiles des puissances voisines et belligérentes.

L'assemblée administrative est le rappel de toutes les administrations des cercles et des départemens; c'est le point de raliement où s'abouchent, où correspondent toutes les administrations distribuées dans l'État; cet océan politique est loin d'avoir une supériorité active sur les canaux et les sources qui l'alimentent : l'assemblée administrative est au contraire subordonnée à l'expression des directoires des départemens et aux manifestes déterminans des cercles ; l'action de l'assemblée administrative doit être nulle au sein de la république. C'est au dehors qu'elle doit s'étendre, qu'elle doit épancher son influence sur tous les objets susceptibles d'acquérir ou de conserver à la Nation un crédit soutenu, une confiance méritée. C'est donc dans les païs étrangers que l'assemblée administrative doit ouvrir ses liaisons, établir, propager ses rapports pour la sûreté, la bonne foi des traites, des échanges et la prospérité du commerce national. Toutes les affaires relatives au commerce étranger, soit de terre, soit de mer, les alliances, la paix, la guerre sont du ressort de l'assemblée administrative ; elle peut avoir la faculté de proposer dans l'étranger tout ce qu'elle croira favorable et avantageux à la République, mais elle ne peut rien terminer. Elle doit alors rendre compte à la Nation par la voie des départemens, et suivant les procédés que nous venons d'indiquer, pour les résultats être adressés à l'assemblée résolutive, seule chargée, au nom de la Nation, de conclure avec les puissances étrangères d'après les stipulations entamées entre ces puissances et l'assemblée administrative.

Il est évident, d'après ces principes, que l'assemblée législative n'est que l'organe du peuple seul législateur. Il est pareillement évident que l'assemblée résolutive n'est que la mandataire des volontés du peuple, que son action est absolument précaire, même lorsqu'elle est investie du pouvoir exécutif, en ce que le pouvoir exécutif, qui est un acte de la volonté, réside substenciellement dans chaque département; il est encore évident que l'assemblée administrative n'est que le réceptacle où toutes les administrations des départemens viennent verser les rameaux de leurs opérations, c'est-à-dire, l'assemblée administrative est l'accident où les administrations viennent r'accorder les grands résultats qui ont l'intérêt général pour objet. Ce n'est qu'au dehors, ce n'est que dans les affaires étrangères que l'assemblée administrative acquiert une tendance décidée, du nerf dans l'ascendant de son pouvoir, du jeu et de l'expression dans ses moïens, jusqu'aux limites cependant que la République a assignées à l'espace de ses exercices.

Il résulte de-là que ces trois assemblées suprêmes sont subordonnées aux diverses déterminations que la Nation est maîtresse de fixer, d'étendre et de prolonger toutes les fois que ses intérêts et les circonstances l'y invitent.

Le concours des moïens que nous avons prévus, et que nous conseillons d'établir, semblent devoir séparer, devoir isoler la constitution de chacune des trois assemblées suprêmes : chacune d'elles liée directement à tous ses devoirs envers ses commettans, il ne doit subsister entre elles aucuns raports assez intimes, assez incohérens pour nourrir, dans ces trois assemblées, une coalition presque toujours dangéreuse, et qui le deviendrait dans l'accord clandestin des dépositaires de la souveraineté.

Ces trois assemblées suprêmes sont susceptibles chacune d'avoir un président et un tribun subordonnés l'un et l'autre à l'équité du renouvellement et à terme fréquent et périodique, de manière que chaque membre puisse alterner dans l'une et l'autre de ces dignités. Indépendamment des fonctions attachées au titre de tribun, cet officier public pourrait être chargé de l'expédition et de l'arrivée des envois, c'est-à-dire, de la correspondance entière de l'assemblée avec les départemens et les cercles.

Dans les cas impérieux, dans les cas de dissention civile, ou dans les cas de guerre étrangère il conviendra de confier à l'assemblée résolutive le pouvoir absolu avec la faculté exécutive pour plus de célérité dans la marche des opérations, à la charge expresse qu'à la cessation de ces fléaux, cet assemblée déposera aux pieds de la Nation le glaive du pouvoir exécutif, et rendra compte publiquement de l'emploi qu'elle a fait de son autorité, en fera circuler la publicité dans chaque département pour être transmise immédiatement à toutes les localités. Durant le tems que l'assemblée résolutive sera investie de la puissance exécutive, tous les pouvoirs, toutes les autorités lui seront subordonnés; une résistance décidée à ces mandemens pourra être considérée comme rébellionnaire, comme infractaire à la loi, comme crime capital de lèze-république.

Si, cependant, l'assemblée résolutive avait abusé de sa puissance, si elle s'était permise des excès, si elle avait diverti les finances de la république, ou si elle avait blessé ses intérêts, compromis sa gloire, alors chaque membre de cette assemblée sera personnellement, comme l'assemblée entière, responsable d'une conduite que la raison condamnerait. Alors, et dans un cas semblable, la République érigera sur le champ un tribunal d'audition et de vérification pour l'examen des chefs de ces accusations; chaque département députera immédiatement un citoïen sensé et prudent pour composer le tribunal. Avant de procéder à aucune enquête, l'assemblée résolutive sera subitement renouvellée pour ne pas intervertir l'ordre des affaires de sa compétence, d'après quoi le tribunal remplira les motifs de sa destination envers les accusés.

Dans les cas de troubles, de dissentions civiles, ou de guerres étrangères, il sera prudent de convoquer les assemblées des cercles dans la forme que nous avons annoncée dans le chapitre précédent, à charge d'être renouvellées toutes les quinzaines dans la représentation de leurs membres. C'est aux assemblées des cercles seules, d'après l'avis néanmoins de leurs départemens coërcitifs à déposer au sein de l'assemblée résolutive le tonnère de la République, c'est-à-dire, la puissance absolue sous la faculté exécutive. Les assemblées des cercles durant les tems orageux doivent stationner dans une activité permanente au centre du cercle avec exception à l'alternat des départemens, attendu l'empire des circonstances et la facilité qui en résultera dans les communications. Par là, les assemblées seront en jour pour observer les météores des événemens, porter les secours où le danger de la patrie les appellera, ou s'en tenir à des dispositions défensives, autant que les conjonctures et la prudence pourraient le desirer.

Quand l'orage commence à gronder et que l'éclair a déjà sillonné l'horison politique, le salut de l'État invite à l'instant les départemens affiliés à convoquer les assemblées de leurs cercles respectifs et de leur confier le pouvoir absolu : ces assemblées doivent rapidement en communiquer la faculté à l'assemblée résolutive chargée d'agir au dehors et de représenter l'unité de la Nation. Si l'État était travaillé au dedans, s'il existait un schisme, une ligue protestante, l'assemblée résolutive sera également constituée et investie du pouvoir absolu, si c'est par la majorité des cercles ; s'il y a parité entre le nombre des constituans et celui des protestans, l'assemblée législative doit alors se présenter sur la scène, et proposer aux partisans l'érection *ad hoc* d'un tribunal d'arbitres délégués de tous les cercles au nombre d'un par département, et revêtu chacun par leurs commettans du caractère essentiel au calme et à la pacification des mouvemens de l'État.

Il faut bien distinguer entre l'égalité civile

et l'égalité politique : l'égalité civile comporte entre tous les individus la même proportion de biens, d'honneurs et d'avantages, ce qui est inadmissible, ce qui est une dissonnance même sous le gouvernement démocratique ; l'égalité civile présente l'idée d'un partage établi ; or, le partage établi dissoudrait la société, en isolerait les membres. L'égalité politique agit par des effets différens ; l'égalité politique est le droit de l'être social à l'acheminement de tout ce qui peut concourir à son bonheur ; loin de briser les liens de la sociabilité, elle les renforce, en multiplie le jeu et le mécanisme, aiguillone les dispositions, encourage les talens et vivifie les rapports et les secours parmi les hommes ; l'égalité politique donne le droit au citoïen sensé et qui a une portion de lumières, lui donne le droit d'aspirer aux emplois de la République ; l'égalité politique donne le droit à un village, à un bourg, à une ville, chacun individuellement, leur donne le droit de se faire représenter, le droit d'exprimer leurs intérêts, le droit de les assortir au systême général de l'organisation.

Lorsqu'un État est fondé sur cette base et sur celle dont nous avons développé les principes, quelle secousse assez violente pourra jamais ébranler l'éternelle résistance de ses colonnes d'airain ? Il n'y a pas un seul village, il n'y a pas une seule ville qui ne soient subsanciellement liés, substanciellement unis à la durée de cette constitution source féconde et distributive de toutes les douceurs, de tous les biens, de tous les avantages qu'il est permis d'espérer sur la terre.

O France! dans les jours de ténèbres où tu étais esclave, où tu carressais à genoux la main de tes boureaux; si j'ai détesté tes tyrans, si je les ai combattus avec les armes du courage, si d'un trait intrépide j'ai dévoilé les boulvards de l'oppression, si j'ai dévoilé ces montagnes formées du ramas des forfaits et des crimes, j'ai aussi deteste ton nom; j'ai rougi d'avoir reçu le jour dans ton sein, d'être compté au nombre de tes enfans, j'ai accusé la nature d'injustice et de cruauté dans le hasard de mon berceau! O France! aujourd'hui que ton bras désespéré vient de terrasser tes oppresseurs, vient de renverser à tes pieds, vient de briser les idoles que tu avais encensées, que tu avais adorées dans le délire de tes souffrances, dans les étreintes de tes malheurs, j'apperçois lever sur ton horizon le crépuscule d'un jour plus heureux.

CHAPITRE IX.

De la Garde Nationale.

„ TOUT Citoïen doit être Soldat par devoir, „ aucun ne doit l'être par état, a dit Jean Jacque „ Rousseau. „

Ce grand homme a tracé dans cette maxime l première base de la Constitution civile et militaire En effet tout Citoïen contracte en naissant, con tracte envers le païs où il a reçu le jour l'obliga tion de le servir et de le défendre; de le servi de ses conseils, de le défendre de son bras. C'es une dette que la reconnaissance impose et que l sentiment doit acquitter. Lorsque la Patrie est e danger, lorsqu'elle est menacée par les tirans, n menacée par l'Étranger quel est le lâche qui n'es pas réveillé au bruit du tambour qui l'apelle à l gloire et dont l'âme n'est pas émue en voyant dé ployer le Drapeau de son païs?

L'homme né sous le climat de la liberté, qui a l bonheur de respirer sous le Gouvernement Démo cratique cet air pur l'aliment des grandes ames e des grandes actions est toujours embrasé du fe des Guerriers, soit qu'il goûte au coin de ses foyer les douceurs de l'olivier de la paix, soit qu'il moi sonne dans les champs de la gloire les lauriers des combats. La République sera toujours libre, les citoïens toujours heureux, tant qu'ils seront assidus aux jeux des manœuvres et des évolutions guerrières, tant qu'ils répéteront rapidement la tactique du Cybe, tant qu'ils enflammeront la bouche du mousquet, qu'ils feront étinceler les éclairs du sabre, protecteurs de la faiblesse, protecteurs du berceau de l'enfance et du fauteuil de la vieillesse.

Il convient à la sûreté, à la défense de la République, à la force de ses armes, à leurs dispositions imposantes dans la paix, aux triomphes de leurs effets dans la guerre, de tracer ici un plan d'organisation militaire susceptible d'allier sous les mêmes rapports les droits et les fonctions du citoïen avec le zèle et le dévouement du guerrier.

Lors qu'un pays est gouverné par un Roi, ce pays s'apelle Royaume, attribution nominale dont l'extention exprime la vaste circonspection de son autorité : alors les habitans du Royaume s'appellent sujets, mot radouci de celui d'esclave ; mais la modification dans le mot n'en est pas une dans le traitement. Les sujets attérés sous la main oppressive de leur maître, et sous celle des Ministres, des Satrapes associés aux diverses branches de l'autorité, les sujets sont réduits à une nullité passive dans l'exercice civil, sont dépouillés jusqu'au droit de s'armer, de se défendre : faculté cependant que nature a accordée à tous les Êtres.

Lorsqu'un païs est administré par l'ascendant des loix que ces loix fondées sur la liberté civile et l'égalité politique sont dictées par ceux-là mêmes qui doivent les observer ; ce païs s'appelle République, ses habitans sont appellés citoïens, c'est-à-dire, législateurs, rois, ministres, magistrats et guerriers.

Peuples, qui avez pris les armes pour abattre sous vos coups généreux l'hydre de la tyrannie, comparez ces deux situations et optez tandis que votre valeur encore échauffée par le feu de vos premiers transports, rend favorable à vos succès le choix de vos destins.

Nous avons, dans le chapitre précédent, figuré la France dans la variété essentiellement politique de tous les accords susceptibles de concourir nécessairement à l'unité de son harmonie, nous avons établi les rapports les plus immédiats, les affinités les plus raprochées entre ce vaste ensemble et l'infinité de ses proportions ; nous avons rassemblé les departemens de six en six, nous en avons formé quatorze corporations politiques, nous avons démontré les grands effets qui doivent résulter de la puissance et de la majesté de ce nouveau concert.

L'être politique dont l'état civil est uni au lien de la société, dont les intérêts sont exprimés dans le régime public, est citoïen actif: à ce titre il est défenseur de la République. En tout tems, même au sein de la paix, il doit être armé comme si la République était en guerre, comme s'il était à la veille de partir sous le drapeau et d'entrer en campagne. Tout citoïen personnellement actif, ou par ses auteurs, aïant atteint l'âge de dix-huit ans doit être enrólé comme défenseur de la patrie, et prêter serment de remplir en toutes circonstances les obligations de cette loi sacrée: cet engagement civique est susceptible d'être constamment obligatoire depuis dix-huit ans juaqu'à soixante, à moins que des empêchemens phisiques n'en abrègent la durée. Les citoïens valétudinaires ou disgraciés de la nature sont équitablement dans le cas de la dispense absolue sans être néanmoins privés de leurs entrées aux emplois civils et politiques, si leurs qualités morales les rendent dignes d'en receuillir les honneurs; ceux, au contraire, qui n'ont d'autres empêchemens valides, pour se dispenser du service militaire, que leur lâcheté ou leur égoïsme doivent être publiquement dépouillés de la qualité de citoïen avec un appareil qui imprime sur ce vice anti-politique tous les caractères de la flétrissure et de la réprobation.

La France étant divisée en quatorze cercles; chaque cercle en six départemens, chaque département en six districts, chaque district en autant de localités qu'il y a de villages, bourgs ou villes dans l'étendue de son arrondissement; chaque cercle composera une armée susceptible d'être appellée armée de cercle; cette armée de cercle sera divisée en six colonnes par fraction de départemens, chaque divison sera susceptible d'être appellé colonne de département, chaque colonne de département sera divisée par fraction de districts; chaque division sera appellée régiment; chaque régiment sera subdivisé en bataillons de cinq cens hommes chacun, chaque bataillon sera subdivisé en compagnies de cinquante hommes chacune.

Chaque compagnie sera composée d'un capitaine, d'un lieutenant, d'un lieutenant en second, d'un tribun militaire, d'un porte-drapeau, de deux gardes-drapeaux, de deux adjudans en remplacement des sergents (1), de quatre capo-

(1) Le mot sergent est une trace de l'ancien opprobre féodal, il signifie littéralement homme serf; il doit être raïé pour jamais de la nomenclature militaire citoïenne.

raux;

raux, de deux tambours, et de trente-cinq fusiliers, parmi lesquels il faut comprendre trois canoniers; dix compagnies formeront un bataillon: il y aura à la tête de chaque bataillon un commandant et un commandant en second. Plusieurs bataillons devant concourir à la composition du régiment, leur nombre ne peut être régulièrement fixé; il doit varier en proportion relative à la population du district: le régiment sera commandé par un colonel, un colonel en second, un major, un aide-major et un tribun major. Le concours des six régimens composera la colonne du département; cette colonne sera commandée par un colonel général, un colonel général en second, par un major de colonne, un aide-major et un tribun. Le concours des six colonnes composera l'armée du cercle; elle sera commandée par un général, quatre lieutenans-généraux, un major-général, quatre aides-majors généraux, un tribun général, un trésorier général et six aides-de-camp.

A chaque bataillon doit être attaché une pièce de campagne du calibre de quatre livres: en tems de paix ces pièces seront réunies en parc au chef-lieu du régiment, c'est-à-dire, au chef-lieu du district: pareillement, en tems de paix, il sera établi au chef-lieu de la colonne, c'est-à-dire au chef-lieu du département, un parc d'artillerie et un arsenal de munitions relatives à son service ; les batteries destinées à garnir le parc seront utilement fixées à huit livres de calibre, et règlées en nombre comparativement à celui des bataillons formant les six régimens de la colonne.

En déterminant la composition des compagnies, nous les avons fixées à cinquante hommes chacune y compris trois canoniers. La majeure partie des villages pourra atteindre et même surpasser le terme de cette fixation ; s'il y a supplément, il sera incorporé à la suite de la compagnie : lorsqu'un village atteindra le nombre de cent guerriers, alors il composera deux compagnies sous un seul commandement déféré au plus ancien des deux capitaines. Si le village surpasse ce nombre de dix, vingt, trente ou quarante militaires, ce supplément sera réparti à la suite des deux compagnies. Tout village qui a une administration particulière doit avoir au même titre sa composition militaire ; cependant si les bornes de sa population ne lui permettaient d'avoir que vingt ou trente guerriers, ce nombre fera compagnie et sera susceptible d'être organisé comme telle. C'est un égard que l'on doit à chaque village comme faisant corps distinct et politique.

Dans un païs où les rapports, les liaisons sont

établis sur la réciprocité des secours, chaque localité est placée sous le ciel de cette alliance, sous l'asile de cette protection mutuelle; alors, pour concourir plus efficacement au vœu de ces conventions, chaque localité doit pourvoir à sa sûreté et à la défense de ses foïers.

Au moïen de ce que nous avons classé trois canoniers par chaque compagnie, il conviendrait que chaque village fît l'emplette d'une pièce de canon dont la force serait suffisante à deux livres de calibre: cette pièce ne serait point susceptible d'être déplacée même en tems de guerre, elle devient alors plus importante à la défense du lieu auquel elle est destinée. Ce tube pourrait servir à dissiper les attroupemens, à arrêter les partis, à réprimer les invasions et les brigandages. Il n'y a point de villages qui n'ait la possibilité de se procurer cet armement, dût-il coûter aux moins aisés d'entr'eux le sacrifice d'une de leurs cloches toutes infiniment moins nécessaires que cet instrument protecteur des foïers.

Il sera ouvert dans le chef-lieu de chaque régiment une école d'artillerie destinée à l'instruction des canoniers de chaque compagnie. Les canoniers envoïés à l'école d'artillerie seront aux frais de leurs communes respectives. Deux mois de démonstration aux élèves canoniers seront suffisans. Il est bon de remarquer que l'instruction ne doit pas aller au de-là de la manœuvre du canon, comme la seule essentielle désormais au nouveau systême de guerre. Les artilleurs instructeurs seront appointés et soldés par le directoire.

Il sera établi au centre de chaque colonne ou département une école de mathématiques ouverte au génie des siences, particulièrement au génie de la guerre: les instructeurs seront susceptibles d'être soldés et entretenus par le directoire. Cette école, distribuée en différentes classes, sera ouverte à tous les jeunes gens qui désireront acquérir les talens distingués, les talens qui fleurissent dans la paix, les talens qui brillent dans la guerre.

Ce n'est pas assez qu'une armée soit protégée de son artillerie, il lui importe encore d'être assistée par la cavalerie, soit pour écarter de son camp le ravage des surprises et des attaques soudaines, soit pour couvrir sa marche du danger des embuscades, observer ses convois, assurer ses approvisionnemens, et déméler les mouvemens des ennemis. Cette carrière des armes, c'est-à-dire, l'armement à cheval, ouvre la pompe de son entrée aux citoïens passionnés pour la gloire et qui, brûlant de la soif des guerriers, aspirent à l'éclat des distinctions.

Les citoïens qui se destineront au service équestre porteront le nom de chevaliers au lieu de cavaliers : le mot cavalier semble désigner celui qui monte une cavale, et attache, indépendamment de cette idée, quelque chose de lourd, de matériel, de machinal à l'individu à qui il est attribué: la qualité de chevalier, au contraire, singulièrement honorée chez les Romains et chez nous-mêmes, semble idonéalement appartenir à ceux des guerriers qui font profession de monter à cheval.

Chaque compagnie de chevaliers de la garde citoïenne sera composée de vingt-cinq hommes, un capitaine, un lieutenant, un lieutenant en second, un tribun, un porte-étendard, un adjudant en remplacement du maréchal-des-logis, trois brigadiers, trois brigadiers en second, douze chevaliers et un trompette. Le trompette étant l'homme de la compagnie et soumis à des obligations envers elle et envers ses membres, ainsi que nous l'expliquerons ci-après, est susceptible d'être habillé, armé, équipé et monté aux frais de ses commettans. Les chevaliers s'incorporeront en brigades suivant l'ordre de leurs approximités domiciliaires, c'est-à-dire, lorsque six chevaliers seront habitans du même village, ils composeront entr'eux leurs brigades ; elle sera établie d'un brigadier, d'un brigadier en second, et de quatre chevaliers. Ceux des villages qui ne posséderont pas cette réunion essentielle pour l'établissement des brigades; alors les chevaliers des villages les plus prochains se réuniront jusqu'à la concurrence du nombre essentiel à leur formation. Cette disposition, dans le raliement de chaque brigade, n'est pas applicable aux villes d'un certain ordre de population où il y a facilités dans les procédés de rassemblement.

Le citoïen qui se destinera à la profession d'armes à cheval s'enrôlera au bureau militaire du régiment, et lorsque le nombre des enrôlés aura atteint le terme de vingt-cinq, ils se rassembleront au siège du régiment, et procéderont à l'élection des officiers dans la distribution la plus favorable à la rapidité du raliement.

Quatre compagnies de chevaliers composeront un escadron; s'il se trouvait une, deux, trois compagnies d'excédent, cet excédent ne pourra déranger la fixité de la formation ni changer la dénomination, c'est-à-dire, qu'elles feront corps et marcheront avec l'escadron, jusqu'à la concurrence de huit compagnies qui alors composeront deux escadrons.

Chaque escadron sera commandé par un officier supérieur titré chef d'escadron : chaque escadron aura sa discipline et son tribunal au siège du régiment; mais hors de-là et dans les affaires générales, chacun des chefs d'escadron recevra les ordres du colonel du régiment.

Lorsqu'il s'agira de ralier l'escadron, le chef commandant dépêchera à chaque capitaine, chaque capitaine dépêchera à sa compagnie par son trompette Les mandats relatifs à chaque compagnie individuellement seront à la diligence du capitaine remis au trompette peur être circulairement rendus à chacun des officiers et chevaliers de la compagnie.

Les escadrons au nombre d'un, deux, trois, quatre, attachés à chaque régiment, seront, comme eux, réunis à la colonne, et, comme eux, seront commandés par le colonel général.

Lorsque les colonnes marcheront au rassemblement de l'armée du cercle, elles seront accompagnées de leurs escadrons lesquels ne pourront varier dans le rang de leurs colonnes respectives, que de l'ordre du général.

Nous avons composé l'infanterie, le corps des chevaliers dans la formation de chaque colonne, nous avons rassemblé les six colonnes pour l'établissement de l'armée du cercle; il est tems actuellement de parler de l'élection des officiers de toutes classes.

Dans l'infanterie, chaque compagnie, chaque bataillon, chaque régiment, chaque colonne, ont le droit de prendre chez eux et d'élire dans leurs corporations individuelles les officiers qui doivent les commander sectionnellement. Chaque compagnie élira donc dans son centre les officiers qu'elle desire se donner : pour cet effet, elle s'assemblera en forme de diete, et à l'instar des dietes politiques dont nous avons parlé. La compagnie étant réunie elle procédera à l'élection d'un président, de deux scrutateurs et d'un secrétaire, sous les auspices de l'adjudant encore subsistant. Il sera placé sur le bureau, comme nous l'avons dit au chapitre cinquième, un vocabulaire tracé par sillons perpendiculaires et coupé en cases par des lignes verticales; dans le premier sillon chaque votant ira alternativement signer son nom, et colloquer dans les autres sillons en allignement vertical les noms des candidats. Quand les membres de la diete auront donné leurs signatures et écrit leurs suffrages, l'adjudant plus ancien des deux fera seul le dépouillement du vocabulaire et appellera à haute voix les deux scrutateurs et le secrétaire. Les promotaires s'approcheront du bureau et y prendront place. Alors l'adjudant se retirera dans l'asemblée après avoir préalablement placardé le vocabulaire pour attester la fidélité de sa vérification.

Le président ensuite présentera sur le bureau

un second vocabulaire en blanc disposé en autant de sillons qu'il y aura d'officiers, aides-officiers à élire, indépendamment du premier sillon réservé à la signature des votans. Ce vocabulaire étant légalement rempli par les mêmes procédés de la première élection, le président, les deux scrutateurs et le secrétaire en feront le dépouillement et, d'après le recensement de la pluralité relative, appelleront à haute voix les promotaires, c'est-à-dire, les officiers, aides-officiers déterminés par les suffrages. Cette opération étant consommée, le vocabulaire sera placardé en remplacement du premier, et ensuite il sera dressé un procès-verbal de la tenue de la diete et de l'élection; la minute de ce procès-verbal sera déposée dans les archives de la municipalité ou du comité civil de la localité, il sera tiré préalablement une expédition de ce procès-verbal pour être dépoée dans les archives du régiment, voilà les principes essentiels à la formation de chaque compagnie.

Il s'agit actuellement de procéder à l'élection des officiers supérieurs du régiment, c'est-à-dire, à l'élection du colonel, du colonel en second, du major, de l'aide-major, du tribun-major, d'un commandant et d'un commandant en second de chaque bataillon. Pour y parvenir, chaque compagnie députera au bureau militaire un officier et un fusilier: ce concours composera la diete électorale; c'est entr'eux et sur ceux d'entr'eux qu'ils pourront asseoir leurs suffrages et non sur les absens, excepté dans les cas de confirmation. L'heure fixée pour l'ouverture de la diete doit être ponctuellement et immédiatement accompagnée des procédés de l'élection pour éviter les retards que l'intrigue se plaît à susciter.

Aussi-tôt que cette opération sera consommée, que les officiers principaux du régiment seront élus, les mêmes électeurs procéderont, dans le cours de la même diete, à la députation électorale d'un officier, d'un fusilier par bataillon, pour se rendre au bureau militaire de la colonne, à l'effet d'y élire ou confirmer les officiers commandans, savoir, le colonel-général, le colonel-général en second, le major de colonne, l'aide-major, le tribun de colonne et un trésorier.

Cette opération étant encore consommée pour les commandans de colonne, les électeurs restant procéderont, à la suite de la même diete, à la députation électorale de deux officiers et deux fusiliers par régiment, pour se rendre au bureau militaire, à l'effet d'y élire les officiers de l'armée; savoir, le général, quatre lieutenans-généraux, un major-général, quatre aides-majorsgénéraux, un tribun-général, un trésorier-général et six aides-de-camp.

Il est bon d'observer ici que dans les cours des dietes, les fonctionnaires qui viennent d'être élus cessent à l'instant d'être électeurs, et perdent la faculté électorale, encore que la diete soit continuée, cette maxime est de droit politique.

L'égalité politique fondée sur la justice que les hommes se doivent essentiellement pour se rendre mutuellement heureux, l'égalité politique invite à répandre les honneurs sur les citoïens qui sont susceptibles de les mériter. S'il convient d'honorer le mérite connu, il convient aussi de soutenir les espérances de celui qui se développe et qui se dispose à éclore; il est donc équitable de fixer un terme périodique aux dignités militaires, lorsque ceux qui en sont revêtus ont devant eux des concurrens que leurs qualités personnelles semblent recommander à leurs concitoïens.

Il convient donc de renouveller chaque année les élections des offices militaires ou confirmer dans leurs honneurs ceux sur qui un nouveau choix pourrait faire perdre dans le changement. Sans fixer ici l'époque de ces élections militaires, il conviendra cependant de les reculer de celles qui doivent être destinées aux élections civiles.

Nous ne pensons pas que les dignités militaires soient incompatibles avec les dignités civiles ; tout citoïen libre est législateur, roi, ministre, magistrat, guerrier. La qualité de juge siègeant au tribunal, celle de délégué doivent suspendre dans ces deux fonctionnaires, pour la durée seulement de leurs exercices, tous les devoirs de la profession des armes ; la qualité de président et celle de tribun du peuple peuvent s'allier avec le commandement prolongé ; car alors ils doivent se faire substituer par les officiers immédiats, c'est-à-dire, dans le cas où il faut déploïer le drapeau et battre aux champs. Les autres fonctionnaires publics, en exercice et enrôlés sur les lieux de leurs domiciles, sont admissibles au partage des lauriers militaires, et sont susceptibles d'accompagner les drapeaux lorsque le tambour de l'alerte viendra les appeller en campagne.

CHAPITRE X.

Continuation sur la Garde Nationale.

IL n'y a que le bras citoïen qui puisse être légitimement armé dans l'Etat: la patrie ne doit jamais emprunter le bras mercenaire, ne doit jamais lui confier sa défense, ne doit jamais déposer dans des mains aussi dangéreuses le tonnère de sa liberté. Tout citoïen, depuis l'âge de dix-huit ans jusqu'à soixante, est défenseur de la république: cependant tous ne sont point susceptibles de marcher, principalement les circonstances où il faut ouvrir la campagne régulièrement, et aller au loin chercher l'ennemi commun. Alors la république entière et attentive; mais elle n'a besoin que d'un certain nombre de guerriers, appellés sectionnellement sur la surface de son étendue, c'est-à-dire, un guerrier par dix, par vingt-cinq, ou par cinquante. Le guerrier que chaque compagnie serait susceptible de fournir doivent être appellés à la tête de la compagnie assemblée, c'est à dire, on doit appeller ceux qui sont dans la bonne volonté de marcher; c'est par acclamation qu'ils doivent répondre à cette invitation martiale.

Si le nombre des acclamateurs surpasse le nombre requis et demandé, l'ancienneté d'âge sera un titre de préférence.

Mais si, au contraire, à l'appel martial fait à la tête de chaque compagnie, personne ne répond, alors on aura recours à l'inverse, c'est-à-dire, les plus jeunes d'âges; mais plus particulièrement encore ceux qui ne sont point mariés seront désignés pour, entre-eux, tirer au sort et fournir par le résultat de la chance le nombre des militaires requis et demandés.

Nous venons de parler pour les conjonctures où le flambeau de la guerre paraitrait s'allumer pour la campagne entière, même pour deux campagnes ou plus encore; car s'il s'agissait d'arrêter une invasion soudaine, de faire rentrer dans ses limites un ennemi qui aurait franchi ses barrières pour inonder subitement un département ou le cercle entier, alors chacun doit prendre les armes dans un danger aussi pressant: cependant il est de la prudence de partager les forces, et de ne pas dégarnir totalement les localités: l'empressement inquiet et brûlant de ceux des citoïens qui veuillent courir à l'ennemi est toujours le témoignage du meilleur choix; mais si le devoir de marcher ne donnait pas les signes certains de cette chaleur héroïque, les citoïens qui ne sont point mariés et les plus nouveaux de ceux qui sont engagés dans le mariage sont ceux à qui la loi commande de marcher.

Tout réfractaire à cette loi, tout citoïen qui refuse d'aller au secours de la patrie doit être déclaré et traité comme infâme ; il doit être dégradé de toutes qualités, de toutes prérogatives civiles, puisqu'il les a abandonnés à l'ennemi, et que le courage lui a manqué pour les défendre en commun avec ses amis et ses frères.

Les lumières et la philosophie rendront moins fréquentes les guerres étrangères ; mais les peuples doivent éternellement se persuader qu'il respire parmi eux des pervers disposés à servir des tirans ou à le devenir eux-mêmes ; c'est pour leur résister, c'est pour écarter leurs tentatives, c'est pour détourner leurs desseins que les peuples doivent en tout tems être constamment armés : leur bonheur et leur tranquillité les invitent à cette précaution salutaire.

Tout citoïen doit être armé, équipé à ses dépens ; s'il néglige de remplir cette obligation que l'honneur lui impose rien ne peut le justifier aux ïeux de sa patrie, les excuses qu'il pourrait apporter ne serviraient qu'à dévoiler son égoïsme et son insouciance. Ce n'est pas assez que les citoïens soient armés, il faut encore qu'ils s'instruisent, qu'ils acquièrent le jeu rapide des manœuvres, la célérité des évolutions, qu'ils acquièrent ces talens qui, aidés du courage, sont les garans du triomphe et du succès: les armes deviennent fatales et meurtrières entre les mains de ceux qui ne savent point s'en servir, comme les alimens deviennent meurtriers dans les estomachs où ils ne sont point élaborés. Il est donc important d'exercer les citoïens: les chefs ne doivent pas oublier qu'en acceptant leurs grades, ils ont contracté l'obligation d'entretenir, de rappeller leurs concitoïens à cette émulation martiale. Si les chefs paraissent négliger ce devoir, c'est aux municipalités à les en avertir; car si les guerriers citoïens sont les ministres de la loi, c'est lorsqu'ils sont fidèles, c'est lorsqu'ils sont soumis à leurs dépositaires et à leurs organes. Aucun commandant militaire ne doit dans aucun cas méconnaître ses devoirs et l'obéissance qu'il doit à la municipalité de sa résidence et aux autres corps administratifs qui représentent le souverain, c'est à-dire, la majesté du peuple.

Les dimanches offrent des loisirs propres à l'exercice des citoïens, soit pour former, soit pour entretenir leurs talens militaires; les hyvers mêmes, à la faveur des abris, ne doivent pas attiédir une

une émulation que tout doit encourager. Il est de la saine politique, il entre dans la vertu du gouvernement et dans le civisme de chaque municipalité de décerner des prix à ceux des guerriers qui se distinguent dans la profession des armes.

Il serait utile de fixer les revues de chaque régiment, c'est-à-dire, de tous les guerriers de chaque district; il serait utile de fixer ces revues dans l'armée à des termes periodiques, c'est-à-dire, l'une au printems, et l'autre en automne. Ces revues doivent non-seulement avoir pour objet l'inspection des armes et l'équipement de chaque militaire, mais encore les exercices en grand, les situations de batailles dans les systêmes offensifs et défensifs comme susceptibles de figurer, soit au blanc, soit au feu, l'image de la guerre. Ceux des officiers ou aides-officiers qui développent, dans ces actions fictives, du talent, du zèle et de l'intelligence doivent être remarqués; ils ont des droits à des applaudissemens honorables et à des signes de distinction: un ruban portant une inscription analogue pourrait être offert à l'émérite et décorer sa poitrine. Les talens constamment soutenus, les vertus rares et précieuses, ou les actions d'éclat sont susceptibles de valoir la médaille et la couronne civique: la couronne est une couronne champêtre dont l'auguste simplicité retrace le génie et les mœurs des siècles héroïques, des beaux jours d'Athènes et de Lacédémode. Il serait à souhaiter que, pour nous raprocher du printems de ces illustres républiques et de la pureté de leurs mœurs, les médailles accordées aux émérites n'aient point l'orgueil fastueux de l'or, mais la modestie du cuivre artistement travaillé. L'or, l'argent semblent appartenir à la parure de l'esclave et du mercenaire, et non pas à relever ou à indiquer le mérite du citoïen: les signes les plus modestes lui prétent une distinction plus touchante: l'opinion fixe et maîtrise les attributs de l'honneur.

Il est bien à propos d'abréger le tems des revues, c'est-à-dire de retenir le moins long-tems des citoïens à qui un séjour prolongé deviendrait dispendieux d'une part, et gênant pour leurs affaires de l'autre. Trois jours paraissent suffire indépendamment de ceux de l'arrivée et du départ. Il convient que les troupes citoïennes soient campées, il convient alors que chaque escouade, dans chaque compagnie, soit pourvue d'une tente: cette précaution même en tems de paix peut devenir du plus grand secours dans les conjonctures impérieuses et hostiles, c'est-à-dire, en tems de guerre. Ce procédé d'ailleurs les accoutumera à l'image du camp, à l'ordre, à la distribution, à la police qui doivent s'y observer. Il serait peut-être convenable de dispenser de ces revues les citoïens qui ont atteint l'âge de cinquante ans, afin de ne pas trop dégarnir les localités, sur-tout les villages où l'émigration des milices pourrait enhardir des brigands ou autres attroupemens pour y commettre des désordres et des violences que la force armée ne pourrait point repousser.

Le moïen de prévenir la guerre est d'être armé au sein de la paix : cette précaution est essentielle jusqu'à ce que la justice dirige le cœur et l'intention de tous les hommes, jusqu'à ce qu'il ne reste plus du règne des tyrans que le nom et le souvenir presque effacé des malheurs qu'ils ont accumulés sur le genre humain.

C'est aux hommes à ramener ces tems de félicités, ces siècles heureux d'Astrée ; c'est en se prémunissant contre les tentatives ; les artifices et les violences des pervers que les hommes vivront libres, c'est-à-dire, gouvernés par les seules loix qu'ils ont crées pour leur bonheur. C'est à l'aide des armes et de l'exercice des talens qu'elles exigent pour la fin de leur destination que les hommes assureront ces avantages précieux.

Il n'est pas inutile d'entrer ici dans quelques détails sur le fait de l'armement des citoïens.

Ne serait-il pas convenable de faire bronzer les mousquets? ce moïen tendrait à conserver le tube; à le préserver de la rouille, à dispenser les citoïens militaires de l'assujétissement de les entretenir dans leur poli et dans leur luisant. L'air domine sur le fer, y imprime son influence que le plus grand soin peut à peine garantir; l'humidité mange le fer nud, laisse des traces qui ne peuvent s'effacer qu'en atténuant la capacité de son calibre. C'est par l'action de l'humidité, et du frotement trop fréquent pour en ôter la rouille que l'on voit des fusils usés si rapidement et condamnés à une réforme prématurée; en les bronzant on fera cesser cet inconvénient. Les files en ordre de bataille auront à la vérité moins d'éclat, mais on y gagnera du côté de la solidité et de la durée. On aura des tubes qui, constamment dans leur force originaire, seront capables de résister à la vieillesse du tems et à l'action du feu le plus répété, le plus prolongé. Tout semble inviter à renoncer à ces tubes brillans, à la vérité, mais qui, éli-nés par l'effet du frotement que nécessite leur entretien, sont sujets à éclater dans la chaleur du feu, et à blesser et ceux qui les emploient et leurs camarades qui les avoisinent, inconvénient propre à troubler les files de peloton et à y mettre un désordre quelquefois funeste au succès de la victoire. Ainsi, doit-on sacrifier le véritablement utile aux illusions d'un appareil aussi frivole que dangéreux?

Lequel est le plus avantageux, ou de porter la giberne en banderolle sur les reins, ou de la porter en devant en forme de ceinture? Cette question est seulement proposée sur le plus grand avantage de ces deux situations, autant pour la facilité du fusilier que pour la rapidité de ses manœuvres. La giberne en avant paraîtrait donner plus de stabilité dans les rangs, plus d'abrégé dans les mouvemens, plus de fermeté dans le front de bataille; cette situation de giberne paraîtrait racourcir un des tems de la charge et suprimer la semie conversion à droite, tems auquel le fusilier porte la main en arrière pour aveindre la cartouche; alors moins de compression, moins de coudoiemens dans le feu de peloton.

Les citoïens militaires destinés à faire campagne ne peuvent se dispenser d'avoir le sac au dos; il conviendrait qu'il fût ciré et de couleur à jouer agréablement avec celle de l'uniforme.

Chaque citoïen doit avoir ses armes chez lui pour, dans les cas d'alerte, soit de jour, soit de nuit, pouvoir sortir armé et en état de défense; il doit être muni d'une quantité de cartouches dont le nombre mineur soit déterminé. Chaque municipalité se conduira très-sagement en se précautionnant d'un magasin de cartouches pour les évènemens.

Nous avons parlé des autres formes d'armement, même de la nécessité, pour chaque village, d'avoir une pièce de canon de deux livres de calibre : ce tube pourrait servir, ainsi que nous l'avons déjà annoncé, pour repousser les camps volants, dissiper les attroupemens que l'esprit de brigandage ou de faction serait susceptible de susciter. Cet instrument préviendrait les ravages auxquels sont trop souvent exposés des villages dénués de tous les moiens d'une défense légitime.

Tout citoïen fusilier destiné à être emploïé à la guerre, ou en station defensive est à la solde de la république ; il est de la dignité de la république d'attribuer un traitement honnéte à ses défenseurs, et ce ne serait pas trop accorder que de fixer chaque fusilier à soixante francs par mois d'appointement ; les autres militaires en avancement supérieur, sur tout ceux que leurs fonctions obligent à des dépenses indispensables, sont susceptibles d'obtenir une augmentation dans le traitement. Cette augmentation n'est pas accordée au titre, mais à la bienséance des fonctions, car ce serait outrager les dignités militaires, ce serait blesser l'honneur et la delicatesse de leur esprit, si la solde suivait la progression des grades. La solde ne doit être considérée que comme un moïen de subsistance que la république accorde à ses défenseurs ; et non pas comme un moïen d'entretenir dans les chefs l'orgueil, le luxe et l'inertie.

COMPAGNIE.

Par mois.

Au Tambour.	30 livres.
Au Musicien.	60
Au Fusilier.. . . , ...	60
Au Caporal..	60
A l'Adjudant..	60
Au Porte - Drapeau..	60
Au Garde - Drapeau..	60
Au Secrétaire.	60
Au Lieutenant en second.	60
Au Lieutenant..	60
Au Capitaine.	100

OFFICIERS DE BATAILLON.

Au Commandant.	100 livres.
Au Commandant en second.	100

OFFICIERS DU RÉGIMENT.

Au Trésorier militaire.	200 livres.

Au Secrétaire-militaire. . . . . 200 livres.
Au Tribun-militaire. 200
A l'Aide-Major. 200
Au Commandant en second. 200
Au Commandant.. 200

OFFICIERS DE LA COLONNE.

Au Trésorier-Major. . . . . 200 livres.
Au Secrétaire-Major. 200
Au Tribun-Major. 200
A l'Aide-Major de Colonne. . . . 200
Au Major de Colonne. 200
Au Colonel en second. 200
Au Colonel. 200

OFFICIERS GÉNÉRAUX DE COLONNE.

Au Trésorier général. . . . . 300 livres.
Au Secrétaire général.. 300
Au Tribun général. 300
A l'Aide-de-Camp.. 300
A l'Aide-Major général.. 300
Au Major général.. 300
Au Lieutenant-Général.. 300
Au Général.. 300

ARTILLERIE.

Au Canonier, par mois. . . . . . . 100 livres.

A chaque échellon de grade 6 livres par mois de sur-paie, à commencer depuis les Pointeurs jusqu'aux Inspecteurs et Commandans artilleurs.

CAVALERIE.

Chaque Chevalier citoïen doit être traité en raison des dépenses qu'il est dans la nécessité de faire, et des risques qu'il a à courir dans la perte de sa monture. Nous avons annoncé que le trompette étoit susceptible d'être équipé et monté aux frais communs de la compagnie; mais en tems de guerre ces frais lui deviennent personnels au moïen de cinquante écus par mois, ci. . . . . , . . . 150 livres.

COMPAGNIE.

Au Chevalier.	200
Au Brigadier en second.	200
Au Brigadier.	200
A l'adjudant.	200
Au Porte-Enseigne.. . . , ...	200
Au Secrétaire..	200
Au Lieutenant en second.	200
Au Lieutenant..	200
Au Capitaine..	200

ESCADRON.

Au Trésorier..	300 livres.
Au Secrétaire.	300
A l'Aide-Major.	300
Au Major..	300
Au Commandant.	300
Au Commandant en chef.	300

Il faut observer que les troupes citoïennes ne coûtent jamais cher, en ce qu'elles ne sont soldées que quand elles sont emploïées à l'armée; rentrées chez elles à la fin de la campagne, elles ne sont plus à la charge de la république.

Les occasions de guerre n'auront plus désormais pour objet, chez les Nations sages et éclairées que la nécessité d'une défense légitime ou le ressentiment d'une haute offense précédée des preuves qui caractérisent un dessein prémédité: ces occasions sont rares, et sont susceptibles de le devenir de plus en plus; d'ailleurs, suivant le systéme de guerre généralement adopté aujourd'hui, laquelle pourra se terminer dans une seule campagne.

Que l'on compare actuellement le service des troupes citoïennes avec celui des troupes mercenaires qui sont aux gages des despotes dans la paix comme dans la guerre: comparez l'amour de la patrie dans les uns avec le devoir froidement machinal des autres. Les troupes citoïennes défendent l'état dans la guerre, et le font fleurir dans la paix par l'agriculture, les arts et le commerce; les troupes mercenaires ruinent l'état en tems de guerre et le défendent mal, l'oppriment en tems de paix, le dévorent sourdement. Comparez la situation des républiques où l'honneur crée les guerriers, avec la situation des monarchies où l'argent, les courroiès et la schelaag font des soldats.

Les troupes mercenaires exigent des dépenses considérables et souvent répétées, les frais d'embauchage et d'enrôlement, les frais d'ordonnance et d'entretien, les frais de remplacement par suite des désertions. Avec ces inconvéniens ruineux, les troupes mercenaires sont encore le fléau des mœurs et le cloaque impur d'où découlent les poisons les plus dangéreux. Durant la paix les troupes mercenaires font plus de ravage au sein de leur païs qu'ils n'en peuvent jamais faire sur une terre ennemie. La race humaine, frappée de la corruption et des effets qui tendent à précipiter sa ruine, descend à grands pas vers l'abîme de ses malheurs et de son tombeau, si la sagesse qui préside à l'administration des états ne s'empresse à supprimer pour jamais le barbare usage des troupes gagées. Le rappel des bonnes mœurs et les secours urg ns que l'humanité semble exiger des administrations éclairées. en font une loi impérieuse.

C'est aux citoïens à défendre l'état lorsqu'il sera attaqué; c'est aux citoïens à le défendre parce qu'ils sont les seuls intéressés à déploïer cette valeur qui sait repousser victorieusement l'audace de l'attaque injuste, et tremblent es tirans, les téméraires qui oseront heurter les droits ou souiller une terre défendue par leurs propriétaires.

Les citoïens destinés à entrer en campagne, à être emploïés à la guerre sont susceptibles d être traités comme nous l'avons dit. Les blessés, au retour de la campagne, sont suscèptibles de mériter, leur vie durant, la moitié de leur traitement si la qualité de leurs blessures l'exige, et le tiers de la pension, ou le quart, suivant que les blessures sont plus ou moins graves.

Les veuves doivent éprouver la même justice. En cas de décès, la pension passera aux orphelins, jusqu'à ce que le plus jeune ait atteint l'âge de quinze ans.

Ceux des guerriers que de glorieux stigmates, que d'honorables blessures mettent dans le cas d'obtenir la pension, ont la faculté d'opter entre cette récompense pécuniaire et la médaille d'honneur accompagnée de la couronne civique. La patrie contracte des obligations envers ses défenseurs; mais il est de la sagesse qu'elle ne les récompense pas doublement à la fois, elle doit seulement leur offrir l'option entre une récompense utile, une prévoïance des besoins et une récompense que la loi caractérise.

Par-là, le trésor public sera épargné, il ne sera point versé au sein de l'aisance tandis qu'un prix plus délicat et plus convenable à la gloire lui sera présenté comme l'enseigne éclatante de ses services. Par ce mode d'arrangement tous les guerriers émérites auront leur récompense selon leur vœux : le trésor public n'ira plus alors s'épancher qu'au sein de la valeur indigente. Les pensions martiales et les médailles héroïques demeurant séparées, étendront l'économie de leurs rameaux dans la forme individuelle de leur distribution.

Lorsque la nation est menacé d'une guerre prochaine, c'est au cercle présomptivement situé pour être le théâtre des premiers mouvemens et des hostilités, à nommer chez lui le Général destiné à commander l'armée. Les autres cercles, engagés envers lui à une cotisation de subsides en argent pour fraïer aux dépenses de la guerre contre l'ennemi commun de la fédération, ne peuvent envoïer des forces compugnantes que comme troupes auxiliaires combinées avec l'armée du cercle, exposée au feu de l'attaque ou destinée à faire invasion chez l'étranger.

Dès l'instant qu'une compagnie, un bataillon, un régiment, une colonne, une armée ont élu leurs officiers et commandans, c'est sous la condition de leur obéir dans toutes les circonstances que réquiert le bien du service; les plus beaux établissemens que l'on pourrait créer pour la prospérité des armes citoïennes demeureront sans effet si les loix militaires ne viennent tracer les devoirs des commandans et la docilité à laquelle doivent politiquement se soumettre les guerriers subalternes, toujours en descendant de la cascade des grades.

Les contraventions pour fait de discipline seront susceptibles d'encourir la peine de l'interdiction ou suspension d'armes. Cette interdiction sera plus ou moins prorogée proportionnellement à la cause qui l'a fait naître, et proportionnellement à ses dégrés.

Les fautes graves, mais qui cependant ne sont point de la classe des fautes criminelles seront, indépendamment de l'interdiction, seront punies du blâme à la tête de la compagnie assemblée, si c'est un fusilier; à la tête du bataillon asssemblé, si c'est un officier: et à la tête du régiment assemblé, si c'est un officier de marque.

Les tribuns militaires dans les bataillons, les tribuns majors dans les régimens seront les enquêteurs des affaires portées au conseil de discipline et chargés d'en faire le rapport.

Les fautes capitales, quand même elles seraient relatives à la discipline militaire sont du ressort de la jurisdiction civile, et doivent y être portées après une instruction préparatoire faite par la compagnie, le bataillon, ou le régiment où est classé le délinquant.

Les colonels ne doivent, sous aucun prétexte et pour quelque motif que ce puisse être, rallier ni rassembler les troupes citoïennes sans y être expressément autorisés par un réquisitoire du directoire du département.

Les commandans de régimens ne doivent, sous aucun prétexte et pour quelque motif que ce puisse être, rallier ni rassembler les troupes citoïennes sans y être expressément autorisés par un réquisitoire du directoire du district.

Les capitaines et commandans des localités, villages, bourgs ou villes ne doivent point faire prendre les armes sans y être expressément autorisés par le réquisitoire de la municipalité de leur résidence, excepté dans les cas pressants et absolus, et à la clameur publique. . . . .

CHAPITRE

CHAPITRE XI.

Réforme de l'Armée Roïale.

LORSQUE chez une nation magnanime il y a huit millions de bras citoïens, il y a huit millions de bras levés sur la tête des tirans ; lorsque dans chacun de ses départemens il y en a cent mille dévoués, au premier signal, à punir hautement les ennemis, les opresseurs, et à éteindre avec eux jusqu'au dernier espoir de leur race criminelle, il ne doit exister que cette force publique, la seule légitime dans un païs libre, la seule essentielle à sa sûreté, à sa conservation.

Jamais l'état ne sera libre lorsqu'il recelera dans son sein l'éternel fléau de son indépendance et de sa prospérité, lorsqu'il recelera dans son sein une armée roïale, une armée instrument aveugle et passif des complots ténébreux et des actes foudroians de la tirannie ; une armée dont les chefs sont par système les ennemis du peuple ; une armée dont les soldats sont placés entre leur nullité politique et le vil salaire de leurs maîtres ; une armée que le despotisme commande et tient à ses gages; une armée que le despotisme enchaîne sourdement à son destin, pour relever un jour avec éclat le colosse de sa puissance dont le choc des opinions convulsives a dérangé l'équilibre.

Le systême des cours de l'Europe d'entretenir en tout tems une armée sur pied n'est pas moins funeste pour être encore nouveau; c'est une conspiration meurtrière fomentée dans le pacte ministériel des tirans pour asservir les peuples devant l'appareil lethifere des baïonnettes soldées. Cet armement élevé dans les gouvernemens arbitraires et violens pour appuier l'action bourrelante des tortures et de l'oppression, dévore la substance politique des nations, prépare l'écroulement des trônes et le tombeau des tirans.

Il n'y a pas en Europe une nation, quelque puissent être ses ressources, qui puisse encore long-tems supporter l'entretien ruineux et barbare d'une armée permanente et soldée.

La France qui aujourd'hui compte autant de défenseurs qu'elle compte de citoïens, doit donner l'exemple de cette réforme salutaire.

La France, en licenciant l'armée roïale, doit y procéder d'une manière décente et convenable à sa dignité.

1. Que les corps d'artillerie soient distribués

en quatre-vingt-trois divisions, que chacune de ces divisions soient réparties dans le chef-lieu des quatre vingt trois départemens pour l'établissement des écoles nationales du génie de la guerre. Que le lotissement des artilleurs parvenu au centre de chaque département, soit réparti en subdivision au chef lieu de chaque district pour l'établissement des mêmes écoles.

2. Que les corps de cavalerie, dragons, chasseurs, cheveaux-légers, hussards soient distribués dans la même forme pour l'établissement des écoles d'équitation citoïennes.

Je laisse à la combinaison des commissaires nationaux que les législateurs pourraient nommer pour opérer ces partages, l'intelligence qui doit essentiellement y présider.

Les artilleurs et équitateurs sont susceptibles d'éprouver de la part des départemens auxquels ils seraient affiliés une augmentation dans la qualité de leur traitement, plus d'honneur dans l'exercice de ces nouvelles fonctions, plus de douceur dans le régime social et diplomatique que sous la férule de leurs corrupteurs.

3. Pour l'infanterie, tout soldat, soit non-gradé, soit gradé jusqu'au rang de Capitaine inclusivement, tout soldat enfin qui serait susceptible d'être réclamé par la municipalité du lieu de sa naissanse ou telle autre municipalité comme ré-

pondante, lui serait rendu comme un fils adoptif avec la solde qu'il touchait au corps et qu'il recevrait alors à titre de pension viagère, sauf néanmoins les modifications qu'il serait convenable d'adopter dans les soldes supérieures.

Les soldats non-réclamés et restant au corps seraient susceptibles d'être répartis dans les départemens maritimes pour être destinés invariablement au service des armemens navals, sous tous les avantages que l'activité de cette carrière paraît ouvrir à l'avancement du mérite.

4°. Les troupes étrangères à cheval, au service de France, seront susceptibles comme les autres d'être affiliés aux départemens.

5°. L'infanterie dénommée étrangère, au service de France, serait susceptible d'être répartie dans les départemens maritimes, pour être invariablement attachée au service des escadres, ports, chantiers et arsenaux de la marine, sauf exception en faveur des soldats d'origine française, servant dans ces corps, qui pourraient être réclamés par celles des municipalités qui se chargeraient d'en répondre et de les adopter.

Quant aux troupes suisses, il serait convenable de proposer à l'Assemblée générale, tenant à Soleure, les changemens que le nouveau régime français est susceptible d'apporter dans quelques articles de la capitulation entre la France et l'unité des treize sublimes Républiques, proposer de resserrer l'alliance sous les auspices mutuelles de la liberté, et les dégager de l'obligation des subsides permanens, sous la stipulation cependant et la réserve des secours réciproque entre les deux nations, dans les cas seulement où ils seraient reconnus nécessaires et demandés par l'une ou l'autre des deux républiques alliées.

CHAPITRE XII.

Système des Fortifications.

Un large et profond fossé autour de la ceinture d'une ville, des bastions, des casemates éclairant sa contrescarpe, sont les plus simples mais les plus respectables de tous les retranchemens lorsqu'ils sont défendus par des citoïens libres.

Celles des villes qui reçoivent dans leur enceinte le passage des rivières peuvent, sans beaucoup de frais, y établir une pompe à vanne ascendante et des écluses dont l'action hydraulique réglée à degrés serait susceptible de couvrir spontannément ses environs sous une nappe d'eau, et d'écarter l'approche et les tentatives d'un ennemi puissant et audacieux.

Pour rendre les fortifications moins dispendieuses, au lieu de pierres de taille on pourrait prolonger les glacis jusqu'au niveau du fossé et les revêtir d'un enduit mêlé de chaux, de sable et de mortier; un pareil rempart endormira l'action du boulet: le mur ou retranchement de la contrescarpe, coupé perpendiculairement en précipice, pourrait être revêtu du même enduit.

La république ne doit plus entretenir sur le vaste contour de ses barrières ces citadelles isolées des villes à qui elles commandent, de qui elles menacent les habitans; la république ne doit plus entretenir ces horribles repaires de la tirannie, et de ces bêtes farouches qu'elle associe à ses délires, à ses attentats sur les peuples; la république doit renverser ces forteresses dont les énormes flancs offrent des retraites à ses conspirateurs à ses ennemis; la république doit condamner ces chemins couverts, ces voûtes minées, contre-minées, ces soutéreins, ces abîmes que le génie des enfers a creusés sous les fondations, sous l'assiette des villes; la république doit condamner le dédale ténébreux de ces tombeaux perfides où une seule main descendue par la conjuration et le crime, peut embrâser le salpêtre des volcans, faire sauter jusqu'aux nues une ville entière, ses maisons, ses citoïens emportés, déchirés dans l'explosion de cette terrible fusée à travers les laves de souffre, de bitume et de pierres fondues.

Le despotisme avait besoin de préparer, d'entretenir à grands frais ces monumens de terreur et de destruction, ces monumens conjurés contre la liberté, conjurés contre la vie et la sûreté du genre humain; mais la république a des maximes bien opposées à ce système d'oppression.

La république pour faire face à un ennemi agresseur, à un ennemi de sa liberté, ne sera jamais réduite dans la plénitude de son action et de sa puissance, de se retrancher sous le canon d'une ville, de se couvrir, de se mettre sous sa protection. Ces procédés de retraite, ces dispositions de l'infériorité tenaient à l'ancienne tactique, à l'ancien système de faire la guerre, où le mérite du Général consistait à épuiser les ressources de la ruse, de la trahison et de l'espionage. Ces moïens bas et ignobles tiennent à la perfidie de ces Généraux lâches suppôts de la cour et du despotisme; ces moïens tiennent à ces maximes atroces qui suscitent et prolongent arbitrairement le fléau de l'humanité, les horreurs de la guerre: mais ces moïens répugneront toujours au Général d'une armée citoïenne qui marchant au combat à la suite d'une défense publique et légitime, brûle de la soif d'un triomphe rapide et éclatant; ces moïens enfin ne peuvent s'appliquer au service d'une armée citoïenne, d'une armée composée de guerriers, de combattans, tous trop intéressés à la victoire pour soupconner parmi eux un seul déserteur, un transfuge, un seul perfide.

Chez une nation magnanime, il est de la dignité de la république de développer dans l'action d'une défense légitime l'étendue des moïens les plus grands, les plus imposans: il est de la dignité de la république de développer l'appareil de sa puissance, et de courir sans délai sur un ennemi agresseur venger un outrage qu'elle n'a point mérité.

La situation topo-phisyque des païsages, la chaine des forêts et des montagnes, les flancs des vallées, leurs emphithéâtres et les plaines coupées par des rivières sont les remparts, les fortifications de la nature et les seuls qu'une armée républicaine et généreuse puisse décemment opposer à ses ennemis. Ces remparts sont formidables dans un païs libre, dont toute l'étendue est parsemée de ses défenseurs, dont les villages, les bourgs, les villes offrent l'image multipliée des camps parsemés sur la surface d'une vaste région où l'on entend rouler le tambour de l'alerte, où l'on voit briller les éclairs des baïonnettes, et flotter les graces martiales du drapeau citoïen.

CHAPITRE XIII.

De la Garde des Frontières.

Les localités placées sur la première ligne des frontieres, les villages, les bourgs, les villes dans l'étendue latitudinaire de deux lieues de profondeur sur le contour des barrières françaises tiennent de leurs situations respectives les clés de toutes les avenues de la république, tiennent les entrées et les sorties de son empire ; c'est aux habitans de ces villages, de ces bourgs, de ces villes, c'est aux citoïens rangés sur le ruban des frontières à fermer et à ouvrir les passages des deux rives.

Jusqu'à ce que les nations qui avoisinent la France se soient affranchies de ces maximes exclusives et barbares qui les tiennent isolees et rivales de leurs prospérités, jusqu'à ce que l'Europe ne présente plus ; qu'une seule et même famille assise sur les tombeaux des tirans, jusqu'à ce que l'Europe ne présente plus qu'une société touchante de frères, d'amis alliés par l'amour de la liberté, le sentiment de la justice, et la haîne de l'oppression ; enfin, jusqu'à ce que la philosophie, l'organe du bonheur des hommes, ait amené cette heureuse révolution, il importe à la France, au réveil de son commerce intérieur, au réveil de ses fabriques, de ses manufactures indigènes, de fermer ses barrières à l'ardente et fatale activité des concurrences étrangères, il lui importe de fermer ses barrières à l'émission sans retour de son numéraire, et de subordonner le luxe et la fantaisie des consommateurs nationaux à l'utile rigueur du tarif des entrées.

Le service des frontières pour veiller et assurer la perception des droits d'entrées et de sorties sera constamment mieux rempli par la garde citoïenne que par les préposés de la maltote, espèce infidèle et parjure qui a secrètement fait pacte avec la fraude, et qui, leurant ses succès, irrite constamment la fièvre de ses penchans, se nourrit de ses disgraces, de sa douleur et du nouvel espoir qu'elle recueille des débris et du délire de son infortune encore.

Deux lieues de profondeur, prises sur le contour de la première ligne paraissent une espace suffisant pour le théâtre des évolutions qui doivent observer les mouvemens des entrées et des sorties.

Les villages: les bourgs, les villes rangés sur ce ruban des frontières, ou dont les territoires y sont engagés en tout ou en partie, sont tous des camps disposés pour assurer la police et la sûreté, et veiller en même tems aux introductions de l'étranger et aux émigrations nationales.

Les citoïens de chaque résidence, devant alternativement et à tour de rôle, monter la garde, seraient susceptibles d'adopter dans le service la forme et les dispositions les plus favorables à son accomplissement et au concert évolutionnaire des résidences correspondantes.

Il conviendrait de régler l'heure et la durée de chaque service: la population avantageuse de presque toutes les frontières semble permettre à chaque village du rang inférieur de contribuer à la garde montante du nombre mineur de huit fusiliers commandés par un officier sédentaire au corps-de-garde. les autres villages, bourgs et villes seraient susceptibles de renforcer respectivement leur service comparativement au dégré de leur population.

Par-tout, la garde montante serait susceptible d'être distribuée en quatre escouades; deux restantes par *interim* au corps-de-garde, les deux autres ambulantes dans les dehors pour l'inspection et la découverte.

A la révolution de chaque tournée, les deux

escouades succédentes pour circuler, en partant du corps-de-garde se sépareront pour prendre deux chemins diamétralement opposés, et iront de croisière en raion de frontières jusqu'à ce qu'elles soient arrivées à la localité la plus prochaine, et en direction latérale au point de leur départ, pour faire signer au corps-de-garde de cette résideuce, par l'officier de service, le registre de tournée de manière à justifier l'exactitude des patrouilles et du service.

Toutes les localités, villages, bourgs, villes placés sur le ruban des frontières devant concerter les mêmes évolutions, il s'en suivra que les piquets de garde se croiseront, se succéderont sans cesse et formeront sur le contour des barrières une chaine prolongée dont les branches distribuées sur plusieurs lignes paralelles arrêteront la licence des entrées et des sorties frauduleuses.

Les marchandises sortant de l'étranger pour entrer en France doivent être déclarées et représentées au premier bureau de la frontière pour les acquits sur les deux lieues du ruban en direction transversale, être visés dans les autres bureaux de la route, et reconnus par les patrouilles de la chaine.

Les marchandises destinées à être exportées de France pour entrer dans l'étranger doivent être déclarées au premier bureau en de çà du ruban pour les bons de sortie être visés dans les autres bureaux et reconnus par les patrouilles de la chaine.

Le secrétaire de la municipalité, dans chaque résidence serait susceptible de tenir le bureau de recette et des acquittemens, à la charge que les bulletins d'entrées et de sorties seront légalement visés par l'officier de service en tour de garde, lequel tiendra registre de correspondance de la quotité circonstanciée des articles. Chaque officier, en descendant la garde, arrêtera, sur le registre permanent au corps-de-garde, les articles qu'il aura visés dans l'espace et la durée de son service, et fera signer l'arrêté par les deux fusiliers en grade immédiat après lui.

La caisse des acquittemens serait susceptible d'être constatée chaque mois par la municipalité en présence de deux officiers et de trois fusiliers de la garde citoïenne délégués par le corps.

L'emploi et le versement de cette caisse pourrait s'opérer par époques de trois mois en trois mois dans les mêmes formalités que nous venons d'indiquer. Le produit pourrait être loti en trois portions égales:

L'une, pour être répartie à la garde citoïenne de la résidence.

La seconde pour être versée au trésor du directoire du département, être appliquée à des frais publics que nécessite sa situation sur la frontière; c'est-à-dire, à des frais et entretiens d'armemens, à l'entretien des écoles martiales et à l'entretien des places fortes.

Et la troisième pour être versée dans un trésor général, désigné trésor national, et cette troisième portion être emploïée à l'entretien des écoles et armemens navals, chantiers et arsenaux de ceux des ports destinés à la formation et à la station des escadres.

La garde citoïenne de ceux des villages ou bourgs où les passages sont moins fréquentés sera susceptible de prélever la moitié du produit de la recette, attendu la rareté des acquittemens qui cependant n'en exige pas moins l'activité correspondante du service.

Il est équitable d'attribuer au secrétaire de la municipalité établi à la perception des acquitemens le sol pour livre dans les endroits de passage, et deux sols pour livre dans les résidences où les passages sont moins habitués.

Toutes espèces de discussions contentieuses relatives, soit à la perception des acquittemens, soit à la police des frontières, doivent être portées devant la municipalité de la résidence, et être terminées dans la forme la plus équitable, sauf l'attribution au directoire du district.

Les amendes pour fait de contraventions méditées et volontaires et caractérisées au coin de la fraude, sont susceptibles d'être appliquées à l'entretien des chemins et des travaux publics du département.

Les bureaux des frontières doivent être ouverts au lever du soleil et fermés à son coucher.

Les bulletins d'acquittemens, le *visa* des passeports pour les voyageurs entrant ou sortant doivent, dans cet intervale prohibé, être suspendus dans les bureaux, municipalités et résidences des deux rives transversales du ruban.

La marche, non seulement des voyageurs ordinaires mais encore celle des messageries et voitures publiques, doit être suspendue de nuit dans l'intervale prohibé.

Ces précautions sont importantes pour la sûreté et la police des frontières; elles sont importantes pour prévenir les passages nocturnes, pour prévenir les fuites coupables et clandestines, et les manœuvres ténébreuses qui redoutent la clarté du jour et l'œil équitable de la loi.

Les évolutions de la chaîne des frontières peuvent s'adapter aux évolutions de la chaîne des côtes maritimes, avec les modifications néanmoins que ce genre de service est susceptible de de recevoir comme beaucoup moins exigeant dans l'activité, la distribution et le diplôme de son organisation.

Ce degré de facilité et d'aisance dans le service des côtes pourrait peut-être permettre une modération immédiate dans les facultés de la répartition susceptible d'être attribuée à la garde citoïenne maritime dans la perception des acquittemens sur les cargaisons nationales expédiées en mer, et sur les cargaisons étrangères introduites dans les ports et rades de la République Française.

Si les douanes maritimes sont moins multipliées dans l'action répétée de leurs exercices, aussi présentent-elles des ensembles de valeur qui effacent les détails fatiguans plus que féconds des douanes continentales.

Cependant, tout bien pesé dans la balance des devoirs qu'impose l'un et l'autre service des deux chaînes des frontières, il paraît équitable d'admettre les gardes citoïennes maritimes au prélèvement du tiers des acquittemens à l'instar de la garde citoïenne des frontières continentales.

Il reste deux tiers divisibles, l'un pour être versé au trésor du département maritime auquel la douane est affiliée, pour l'entretien de sa force navale, et l'autre pour être versé au trésor national.

Le service des deux frontières rempli, il reste deux tiers nets. Ce procédé est plus favorable que le systême oppressif de ces régies, de ces fermes roïales qui absorbent, au de-là de la moitié, le produit des perceptions en frais malheureux sans pouvoir encore parer à la fraude et à la prévarication des vils salariés que la stupidité financière recrute dans la fange ordurière d'où elle-même est sortie.

Le procédé, au contraire, que nous indiquons appelle à la fortune de l'état des citoïens qu'il associe sur leurs foïers à ses travaux, à ses entreprises, à ses avantages et proscrit à-la-fois la fraude, les fermes roïales, l'entretien funeste et ruineux de leurs cortèges et de leurs abus.

Aucune espèce de grains ne doit passer les barrières françaises, par terre ni par mer, sans une autorisation réquisitoriale expédiée sur les registres de la municipalité en corps d'assemblée du lieu du départ de ces grains, et visée légalement en délibération au directoire du district pour l'*exeat* de sortie.

Si les convois, soit par les rivières et canaux, soit par terre, viennent de loin, l'autorisation de leur marche et de leur destination doit être soigneusement visée par les municipalités de leurs passages, indépendamment du premier *visa* du direcrtoie des lieux de leur départ.

Les directoires, soit de département, soit de district, ont bien la faculté légale et essentielle de viser, c'est-à-dire, d'approuver les autorisations municipales ou locales dans l'objet des exportations granigenes; mais ils ne peuvent de droit public avoir la faculté spontannée de les autoriser eux-mêmes, excepté dans la circulation intérieure.

Les convois parvenus sur la frontière continentale 'ou maritime, les autorisations réquisitoriales doivent demeurer au premier bureau du ruban où elles sont présentées, d'où il sera détaché deux fusiliers de la garde citoïenne pour l'escorte du convoi jusqu'au bureau le plus prochain de la correspondance, d'où pareille escorte relevante accompagnera le convoi jusqu'au dernier bureau de la ligne.

Enfin, la garde citoïenne des deux chaînes des frontières continentales et maritimes sera susceptible d'observer avec intérêt l'exportation des grains et de recevoir les autorisations réquisitoriales sur la légalité de leur sortie. Cette surveillance des citoïens prévienda les exportations frauduleuses et clandestines, et les abus que le monopole roïal et l'accaparement ministériel ont manœuvrés dans des tems où le despotisme lui-même se livrait à l'odieux trafic des grains, se livrait à des spéculations meurtrières sur la subsistance de l'humanité.

CHAPITRE XIV.

De la Marine.

La situation de la France sur l'Océan et la Méditerannée semble l'appeller à la marine. L'Océan lui ouvre la route de toutes les mers, de tous les climats; la Méditerrannée lui ouvre les échelles du Levant. Les avantages d'un emplacement aussi heureux invitent son activité et son industrie dans une carrière dont la nature pour elle a fait tous les frais.

La mer est ouverte à tous les païs qui sont baignés de ses eaux, à toutes les nations dont les territoires s'étendent sur la nappe de cet élément.

Quelques peuples cependant encore couverts de la rouille des siècles de barbarie, quelques autres armés des maximes violentes de l'intolérance ont prétendu, les uns avoir le droit de dominer sur les mers, d'asservir le commerce au tarif impérieux de leurs intérêts particuliers; les autres, de dépeupler la surface des ondes, d'y faire la chasse aux navires et aux hommes avec l'acharnement du vautour qui s'élance sur sa proie.

Les usurpations des uns, les hostilités des autres doivent piquer le sentiment des nations maritimes et amies de l'équité, doivent les engager à mettre en mer des forces imposantes pour abaisser l'insolence des uns, punir les attentats des autres.

La Nation Française a dans le dévelopement de sa puissance des moïens suffisans pour protéger ses parages, son commerce et ses convois; cependant, malgré les ressources qui résident dans la plénitude de ses moïens, sa marine n'a jamais été montée sur un pied respectable; elle a eu quelques éclairs d'appareil, mais pour être successivement replongée dans la nuit du silence et de l'oubli : c'est que sous les règnes de la tyrannie; les finances qui devraient être appliquées à l'entretien de la marine sont fondues dans le creuset de la débauche et du crime, sont dévorées par des rois plus pervers encore que les complices de leurs forfaits.

Parmi les nations maritimes, il n'appartient qu'à celles qui sont libres, il n'appartient qu'aux républiques d'avoir un commerce florissant; une marine dont la prospérité soit constamment soutenue, parce qu'il n'y a que dans les républiques où l'on connaisse la pratique des vertus essentielles au gouvernement, l'ordre, l'économie, et l'intelligence; ces vertus ne varient point dans les gouvernemens répubicains, elles sont les résultats de la sagesse constante de leurs maximes.

La Nation Française est fondée à espérer autant qu'elle adoptera les maximes démocratiques à voir sortir son commerce de l'éternelle langueur de son enfance cacochyme; mais sa marine marchande sera toujours faible et timide si elle n'est pas protégée de l'appareil de la marine guerrière.

La situation des côtes de France exige de la distribution dans ses forces défensives, de la combinaison dans leurs mouvemens de veille.

Le bassin de ses côtes dans la Méditérannée serait assez à couvert par une escadre en station permanente à la rade de Toulon.

En admettant cette disposition dans la Méditerrannée, il s'agirait sur la côte occidentale de France d'armer dans le bassin de l'Océan deux escadres en observation; l'une, depuis le flanc septentrional de la Kersonese de Bretagne jusqu'au Pas-de-Calais; l'autre, depuis le flanc méridional jusqu'à la tranchée de Baïonne stationnant, celle des parages du Nord dans l'anse de Cherbourg, celle des parages du midi dans les mouillages de Rochefort.

Toulon, Rochefort et Cherbourg paraissent suffire à l'établissement des chantiers et arsenaux de la marine guerrière. Il s'agit actuellement de revenir sur le mode de ces armemens réglés et sur la composition individuelle de chaque escadre.

Chaque escadre serait susceptible d'être classée en trois rangs à six pavillons, sur les deux premiers, à douze pavillons sur le troisième.

Le premier serait classé de six vaisseaux de ligne montés chacun de soixante-quatre bouches de canons.

Le second rang classé en six pavillons armés chacun de quarante-quatre bouches de feu.

Le troisième rang en douze pavillons chacun de vingt-quatre pièces de bord.

Dans le premier rang, les vaisseaux doivent être antennés dans leurs écoutils pour l'aplomb de résistance sur les fronts de bataille.

Dans le second rang, ils doivent être lestés en voiliers.

Dans le troisième rang, ils doivent être écarjonnés à deux destinations, pour manœuvrer en haute mer, et louvoïer le long des bancs et de la rade des côtes.

Ces frais d'armemens doivent être pris sur

les droits d'entrées et de sorties des frontières et des ports de France, dans la portion destinée à cet emploi.

Les fonds proposés pour former et entretenir les forces navales au nom de la nation entière sont beaucoup plus que suffisans pour en accomplir le succès, pour en soutenir la durée. Ces fonds pris sur le commerce étranger, sur son entrée ou sur sa sortie, paraîtront ne rien coûter, et leur destination économisée avec sagesse répandra du lustre jusques dans leur source.

Chaque escadre est susceptible d'être dirigée en mer par un conseil naval.

Ce conseil permanent doit être composé des membres suivans :

Un Commandant d'Escadre.
Un Lieutenant d'Escadre.
Un Lieutenant en second.
Un Inspecteur.
Un Tribun ou Officier judiciaire.

Dans les affaires extraordinaires, ce conseil doit être assisté de la députation des chefs convoqués sur chaque bord, par rang de pavillon.

Du Premier.
Du Second.

Et du troisième rang de Pavillon :

Le Capitaine.
Le Lieutenant.
Le Lieutenant en second.
Le Pilote.
L'Aide-Pilote.
Le Directeur de la Cambuse.
Le Canonier en chef.
Le charpentier en chef.
Le Doïen des matelots.
Le Doïen des soldats navals.

Les grades navals devant être le fruit et la récompense du travail, de la capacité et de l'expérience, qualités essentielles dans le service maritime, les titulaires en grade ne sont point susceptibles d'être limités dans la durée de leurs fonctions par des renouvellemens périodiques.

Les troupes classées ou navales sont les seules troupes permanentes à la solde de la nation ou du département maritime qui pour son compte entretiendra un armement.

Les troupes classées, soit celles qui seraient au service de la nation, soit celles qui seraient au service d'un département maritime, ne peuvent, dans aucun cas être requises ni emploïées, à prêter main forte ou assistance aux mandemens de la police continentale, à peine d'em courir contre-eux et leurs auteurs les rigueurs du crime d'attentat contre la liberté civique.

Les troupes classées, au contraire, durant leur séjour à terre dans les ports ou rades du continent national seront soumises à la police civique et à l'exercice des gardes citoïennes, seules légitimes dépositaires de l'exécution de ses mandemens.

Mais les troupes classées devront obéir en mer et prêter leur assistance au développement de la force nationale dans ses colonies, comptoirs et climats lointains de sa dépendance.

Les troupes classées devront obéir ponctuellement dans toutes les opérations où elles seront commandées en mer ou sur les côtes étrangères.

Il serait convenable d'établir dans chacun des ports nationaux, Toulon, Rochefort et Cherbourg, un directoire naval; chacun de ces trois directoires placé sous l'influence de l'assemblée suprême administrative, conduirait toutes les opérations maritimes relatives à la circonscription du bassin de son escadre, à l'échelle de son commerce, de ses convois, de leurs destinations et de leurs correspondances.

Chaque département doit avoir la faculté de députer à Toulon, Rochefort et Cherbourg pour la composition des trois directoires navals.

Le période de leur renouvellement fixé à deux ans ne devra s'opérer que sur la moitié seulement des membres de la séance, c'est-à-dire. trois par chaque cercle sur trois restant.

Ce semi-renouvellement est peut être très à propos sur-tout à la naissance de ces directoires navals, jusqu'à ce que le diplôme de la marine soit devenu plus familier aux commerçans des départemens et des cercles méditerrannés.

L'organisation de ces directoires dans l'ordre et la forme de leurs assemblées sera susceptible d'être reglée sur celle des assemblées suprêmes.

A côté de chaque directoire naval serait érigé un tribunal pour prononcer d'un seul jugement sur la jurisprudence maritime de toutes les affaires litigieuses.

Ce tribunal serait susceptible d'être composé de ceux des membres sortant du directoire naval à la révolution du renouvellement.

La séance de ce tribunal serait pareillement fixée à la periode de la même durée.

La juridiction de ce tribunal doit s'étendre, aussi loin que l'influence du directoire naval, auquel il est affilié. Par exemple, celui de Toulon serait susceptible d'embrasser tout le bassin de cette portion de la mer du Levant qui baigne les côtes de ses parages et de-là se olonger sur l'échelle de son commerce et de ses consulats sur les côtes étrangères des deux ives depuis le détroit des colonnes d'Hercule n longeant vers l'Orient jusqu'aux barrières le l'Isthme de Suez: en rétrogradant de ce erme sur le flanc droit de l'Asie, virer au Nord la vue de Rhodes dans les mers de l'Archi- el; de l'Hellespont et du Bosphore.

Le directoire et le tribunal qui siégeraient à Rochefort seraient susceptibles de rassembler sous eurs yeux les côtes nationales et le bassin de 'Océan depuis le flanc méridional de la Ker- onese de Bretagne jusqu'à la tranchée de Baïon- ne, et de prolonger leur influence dans le com- merce sur les côtes des Asturies, de Gallice, des deux Extramadours et de l'Andalousie: et du apel de Cadix, s'enfoncer vers les mers du Sud en tournant sur la ceinture d'Afrique jus- qu'aux Indes orientales, la Chine et le Japon.

Le directoire et le tribunal qui siégeraient Cherbourg seraient susceptibles de s'étendre sur es côtes nationales et sur le bassin de l'Océan depuis le flanc septentrional de la Kersonese de Bretagne jusqu'à la Manche de Dunkerque. A sa gauche, au de-là du bassin de ses limites, Cherbourg a ses raports, ses correspondances dans les mers du Nord, aux échelles de la Bal- tique et des golfes de Suède et de Finlande.

A son Nord Ouest, Cherbourg a ses liaisons interlopes avec les ports d'Irlande, et devant lui il a l'univers des eaux terminé dans sa prolongitude par l'amphithéâtre des deux continents du nouveau Monde, et les établissemens coloniaux de la République Française dans ces parages reculés.

Les armemens nationaux, dans le systême du gouvernement républicain, n'ont pas pour objet d'enchaîner les facultés des départemens maritimes, de les presser sous le type d'une domination arbitraire, ces armemens defenseurs de la république et de la liberté navale invitent spécialement les départemens maritimes à élever, chacun dans leurs parages, une marine particulière, une marine commerçante et guerrière. Ce serait une émulation bien louable dans ces corps politiques que le concours de chacun d'eux pour l'accomplissement d'un plan combiné de défenses respectives.

Les départemens placés sur l'Océan et la mer du Levant seraient chacun susceptibles d'attribuer leur nom appellatif aux parages du bassin des eaux qui baignent leurs côtes individuellement.

Tous les départemens maritimes unis entr'eux par le vœu des besoins et des secours, par le vœu d'une correspondance amie et fraternelle,

Tous les départemens maritimes unis par les mêmes organes et la prospérité continentale des départemens méditerranés, tous les départemens affiliés au destin de la Nation, à l'harmonie de la mère république, tous les départemens maritimes enfin placés sous le ciel de cette féconde, de cette auguste alliance deviendraient chacun individuellement une puissance navale, chacun individuellement une autre Hollande mais démocratiquement plus guerrière, plus libre, plus heureuse.

Les départemens maritimes sont invités par le súblime sentiment de leur indépendance invidueIle, sont invités chacun par l'organisation, la fécondité et l'énergie des avantages politiques émanés du systéme républicain, émanés du vœu de la nature et de la faveur libérale de leur situation topophisyque, sont invités à couvrir le bassin des eaux qui baignent leurs côtes respectives d'une flotte à la fois commerçante et guerrière, d'une flotte qui dans l'étonnement de sa hardiesse franchisse les intervales lointains des zônes et des climats, les intervales de l'Océan et des deux Hémisphères.

A l'appareil formidable de cette ligne d'armemens de cette insurrection navale et guerriere, quelle Nation en Europe, rivale de la puissance et de la prospérité Française, pourra jamais balancer son destin dans le continent et dans les mers du globe, osera jamais outrager le pavillon de la liberté, subordonner, circonscrire sur la surface des Élémens le parcours et la destination de ses flottes et de ses convois ?

Fin du premier Volume.

www.ingramcontent.com/pod-product-compliance
Ingram Content Group UK Ltd.
Pitfield, Milton Keynes, MK11 3LW, UK
UKHW020251180726
13839UKWH00001B/290

9 782329 490977